Comencé a leer y los párrafos se convirtieron en capítulos, muy dentro de mí me sentí movida a apropiarme por fe de todo lo que el Señor tiene para mí; a creer realmente en lo que no es como si fuera, a creer que lo imposible puede ser posible. ¡Animo a todos a leer el libro de Patricia! Usted se sentirá estimulado, pero también se le enseñará la aplicación práctica de incorporar el cómo a su destino. Yo sé que todos los que lean este libro serán tan bendecidos como yo lo fui. Patricia hizo un gran trabajo al preparar este libro en una época como esta. Este promete ser uno de esos libros que ayudan a lanzar a muchos a su destino.

KEITH MILLER
Stand Firm World Ministries
www.sfwm.org

Patricia King es una de las mujeres cristianas más influyentes de nuestra época. Su ministerio poderoso derriba las barreras de género en la iglesia y ayuda a que el cuerpo de Jesús pase de ser un club de chicos ¡a ser la Novia de Cristo! Ahora Patricia va tras la Cortina de Hierro, el muro generacional que ha dejado sin poder a las personas de mediana edad y las ha relegado a un plano de espectadores en la batalla por la historia. Paso a paso ella sola expone las mentiras que han separado a todo un grupo de personas de sus destinos y las equipa para la victoria que tienen por delante. Este libro lo debe leer todo el que esté entrando en la segunda mitad de su vida.

KRIS VALLOTTON
Autor de *The Supernatural Ways of Royalty*
y *Developing a Supernatural Lifestyle*
Fundador de la Escuela Bethel de Ministerio Sobrenatural
Líder de la iglesia Bethel, Redding, California

Patricia King es una vanguardista, pionera y revolucionaria. Yo realmente he llegado a quererla y apreciarla por el ejemplo que ella representa para todo el Cuerpo de Cristo y para el mundo. Ella no solo es una mujer llena de la presencia y el poder de Dios sino que es una mujer llena de integridad, carácter y un celo ardiente por las cosas de Dios. Ella defiende la verdad independientemente del costo y es un testimonio vivo de una persona que va "de gloria en gloria". Yo recomiendo este libro porque Patricia es un gran ejemplo de alguien que, en la segunda mitad de su vida, está liderando un camino nuevo para Jesús, ¡y yo creo que sus palabras también pueden encender el fuego en usted! ¡Que los últimos años de su vida sean todavía mejores que los primeros a medida que pasamos de un nivel de gloria a otro! ¡Es un honor para mí recomendarle a mi amiga, Patricia King!

RYAN WYATT, PRESIDENTE Y FUNDADOR
Abiding Glory Ministries
www.abidingglory.com

Estamos viviendo días de gran actividad espiritual y, lo que es más importante, la percepción de un destino divino. Muchos creyentes de todas las profesiones, condiciones sociales y de diferentes generaciones están descubriendo una función en el Reino de Dios que es tanto gratificante como fructífera. Patricia King capta esta realidad en su libro y comunica maneras prácticas de alcanzar un fruto duradero para una unción multigeneracional. Patricia tiene una perspectiva reveladora de nuestro lugar en este momento en la historia de la iglesia y brinda una comprensión fundamental para movilizar a un cuerpo de personas con ese objetivo. Cada lector se verá atraído al destino para el que nació.

PAUL KEITH DAVIS, FUNDADOR
White Dove Ministries

Para aquellos que sienten que sus "mejores" años ya pasaron, este libro dinámico es una antorcha espiritual que reavivará las llamas de sus esperanzas, sueños, promesas y destino para convertirlas en una hoguera más ardiente que ninguna otra que haya ardido en sus años anteriores. Después de todo, la eternidad dura mucho tiempo (para siempre), ¡usted apenas ha comenzado a respirar!

JESSICA L. MILLER
Gerente de publicaciones
The ElijahList

Si usted quiere que la segunda mitad de su vida sea mejor que la primera, este libro es para usted. Este no es el momento de disminuir la marcha ni de desaparecer, y con estas respuestas prácticas no tendrá que hacerlo. Este libro le inspirará y a medida que usted aplique la verdad que está en sus páginas ¡su futuro lucirá más y más brillante!

MARILYN HICKEY
Marilyn Hickey Ministries

Patricia King es una de las mujeres más piadosas y valientes que he conocido, y sus victorias lo demuestran. En *Sueñe en grande* ella revela el funcionamiento interior de su valor y revela las claves de sus victorias personales. Este es uno de los libros más prácticos sobre triunfos y victorias personales que se haya escrito jamás.

BILL JOHNSON
Autor de *When Heaven Invades Earth*
Pastor principal de Bethel Church
Redding, California

El libro de Patricia King es un libro muy ameno y alentador, especialmente para aquellos que están en la segunda mitad de la vida. Es una herramienta muy práctica para ayudar a hacer ajustes en las actitudes, luchar con el desánimo y señalar el camino para sacar el mayor provecho a la vida como creyentes. Patricia nos ayuda a comprender que un "estiramiento de la fe" es más importante para nuestra felicidad que un "estiramiento de la cara". Patricia percibe el poder de la paz, la falacia de la preocupación temerosa y la realidad del descanso mediante la reconciliación.

RANDY CLARK
www.globalawakening.com

sueñe en GRANDE

sueñe en GRANDE

Patricia King

CASA
CREACIÓN
A STRANG COMPANY
www.casacreacion.com

Sueñe en grande por Patricia King
Publicado por Casa Creación
Una compañía de Strang Communications
600 Rinehart Road
Lake Mary, Florida 32746
www.casacreacion.com

Originally published in the USA by

Shippensburg, PA
under the title
Dream Big
Copyright © 2008 – Patricia King USA
All Rights Reserved

Traducido por: Signature Translations
Director de diseño: Bill Johnson

Library of Congress Control Number: 2010940923
ISBN: 978-1-61638-111-0

11 12 13 14 15 * 5 4 3 2 1
Impreso en los Estados Unidos de América

DEDICATORIA

Dedicado al Anciano de días.
Estás lleno de belleza, amor, sabiduría, gracia,
justicia y poder.
¡Oh cuánto anhelo ser como tú!

AGRADECIMIENTO ESPECIAL

Agradecimiento especial en memoria de la Madre Teresa
quien me enseñó a adorar las arrugas…
las suyas fueron tan profundas y bellas como su amor.

CONTENIDO

ADVERTENCIA

Este libro no es para todo el mundo, de hecho pudiera no ser para usted. Está escrito para aquellos que quieren vivir una vida dinámica, saludable, positiva, con poder y sumamente fructífera después de los 40. Es para aquellos que están buscando integridad en espíritu, alma y cuerpo. Es para aquellos que desean ser facultados, e iluminados por el Espíritu de Verdad. Si ese es su caso, entonces siéntase libre de pasar la página y comenzar una travesía de ánimo conmigo…incluso si todavía no ha pasado los 40.

¡LO MEJOR ESTÁ POR LLEGAR!

"La gloria postrera de esta casa será mayor que la primera, ha dicho Jehová de los ejércitos; y daré paz en este lugar..."

HAGEO 2:9

La segunda mitad de la vida: la mejor época de la vida

El año antes de mi cuadragésimo cumpleaños yo luchaba con algunos problemas de la edad que nunca antes había encontrado ya que nunca me había preocupado la edad. En aquella época yo dirigía el centro de alcance de una misión en Tijuana, México, y la mayoría de nuestro personal eran jóvenes que tenían veintitantos años. Cuando pasábamos un rato en ambientes informales, a menudo ellos hablaban con expectación sobre sus planes futuros para el matrimonio, la familia, sus metas educacionales, sus profesiones, madurar en el ministerio, comprar casas, junto con otros sueños y ambiciones.

Me emocionaba escuchar sus planes pero me di cuenta de que pronto yo tendría 40 años y que ya había cumplido con todas las metas y sueños de mi vida. Todo lo que ellos anhelaban ya yo lo tenía. Estaba casada con un hombre maravilloso, tenía dos hijos adolescentes saludables, me había retirado de la carrera de enfermería luego de trabajar con éxito en dicho campo durante diez años, Dios me tocó de manera gloriosa a los 25 años y me había realizado con diez años de un ministerio cristiano fructífero. Mi esposo y yo teníamos un gran círculo de amigos maravillosos y disfrutábamos todas las cosas básicas de una vida cómoda.

Los jóvenes tenían tantas cosas que esperar, pero ¿y yo? ¿Cuál sería mi próximo paso? ¿Quedaba algo por experimentar? Ese año luché con muchas preguntas internas. Sentí temor de despertarme la mañana en que cumplí 40 años. Sobre la mesa de la cocina había un regalo que llegó por correo. Al abrir el regalo descubrí que era un libro para los que estaban en "la segunda mitad de la vida". ¡Como si realmente necesitara que me lo recordaran! Por curiosidad abrí el capítulo introductorio que decía: A la mayoría de las personas que cumplen 40 les queda al menos la mitad de su vida por delante.

Esa afirmación fue como un martillazo en la cabeza. ¡Qué revelación! ¡Todavía me queda la mitad de la vida! Si la primera mitad fue tan buena, entonces la segunda mitad debía ser aún mejor. A los 40 usted ha adquirido cierta sabiduría y ha ganado entendimiento a través de las diversas pruebas que la vida ofrece. Por consiguiente, ¡los años después de los 40 tienen el potencial de ser los mejores!

Si la primera mitad de su vida fue difícil, entonces la segunda mitad realmente encierra una gran promesa. Todas las lecciones duras que se aprendieron serán como un trampolín hacia el éxito y la satisfacción. Si la primera mitad fue satisfactoria, entonces la segunda deberá serlo más aún. Es un nuevo comienzo y puede empezar ahora mismo. Desde el momento en que leí esa primera oración del libro en mi cuadragésimo cumpleaños, ocurrió un cambio en mi corazón. Decidí que la segunda mitad de mi vida sería la mejor. Sería la más fructífera…la más emocionante. Al fin y al cabo, todavía tenía tiempo para hacer muchas cosas que nunca había intentado.

Desde entonces he sido pionera de muchos proyectos nuevos y he entrado en una época dinámica en la producción de medios para la televisión y el Internet. He escrito libros y cursos de estudios y producido discos además de viajar por todo el mundo como oradora itinerante de conferencias. Nuestra familia creció cuando nuestros hijos se casaron y mi esposo y yo nos convertimos en felices abuelos. Yo tengo la oportunidad de volcarme en la próxima generación y ayudarles a establecerse. Cada esfera de mi vida ha aumentado en bendición durante la segunda mitad y, por consiguiente, deseo apasionadamente transmitir algunos tesoros y perspectivas que he descubierto en el trayecto.

Una gran mentira

Nuestra cultura predica una mentira cuando sugiere que envejecer es un elemento negativo que debe ser combatido. Este mensaje está por todas partes. Los anuncios proclaman que las arrugas deben recibir inyecciones asiduas de Botox, que los músculos flácidos de la cara necesitan un estiramiento quirúrgico, que los hombres en proceso de envejecimiento necesitan una mega dosis de Viagra y que después de los 50 años es mejor que empiece a planificar para retirarse pronto… tal vez sentarse junto a la piscina, sorber limonada e ir de paseo en una casa móvil. De ninguna manera estoy sugiriendo que haya algo de malo en lucir lo mejor que usted pueda y disfrutar la recreación, pero si nos retiramos en la flor de la vida, toda la sabiduría que encierra nuestra generación quedará enterrada. No estoy sugiriendo que no debemos tratar de lucir bien, pero

¿por qué nos deprimimos por unas pocas arrugas cuando la madurez ofrece tantos beneficios? ¿Por qué cambiar la gloria de nuestra sabiduría interior por un arreglo externo temporal? Levantémonos en plenitud y seamos la generación de la segunda mitad más sobresaliente y fructífera que haya vivido jamás.

La mayoría de los presidentes, reyes, reinas, embajadores y otros líderes nacionales e internacionales asumen el puesto durante la segunda mitad de la vida. La mayoría de las personas alcanzan la estabilidad financiera en la segunda mitad de su vida. Durante la segunda mitad de la vida hemos aprendido la mayoría de las lecciones difíciles y tenemos un poquito de sabiduría en nuestro haber. Nuestros dones y talentos han madurado al punto en que pueden ser utilizados en todo su potencial. Apenas estamos comenzando. Este no es momento para aminorar la marcha ¡justo estamos empezando! Podemos anticipar bendiciones en abundancia durante la segunda mitad de la vida. ¡Lo mejor está por llegar!

Uno de mis personajes bíblicos favoritos es Abraham. Él comenzó a seguir a Dios cuando tenía unos 70 años y empezó a cumplir con su destacado destino profético a los 100. Josué guió a los israelitas a la tierra prometida cuando andaba por los 70 años. Daniel tenía unos 70 años cuando experimentó su visión más significativa. Cuán emocionante es pensar que su vida apenas ha comenzado a los 40 años.

Independientemente de lo que haya sucedido en su andar hasta este punto, puede mejorar. Este día puede ser realmente el primer día del resto de una vida absolutamente asombrosa. Independientemente de la edad que usted tenga, de qué camino haya recorrido, ¡todo puede marchar de manera increíble para usted a partir de ahora mismo! Yo tengo fe por usted. Las posibilidades son inescrutables.

Yo nací el 26 de junio de 1951, para que pueda sacar la cuenta. He descubierto que cada década de la vida es mejor que la anterior, especialmente después de los 40. Espere que el resto de su vida sea lo mejor. Para aquellos de ustedes que todavía no han tenido una vida llena de bondad, este año pudiera ser el año del cambio radical, ¡puede serlo y debiera serlo! Usted es muy preciado y Dios quiere que su vida esté llena de cosas buenas. Jesús dijo: ". . .mi propósito es darles una vida plena y abundante" (Juan 10:10, NTV). La vida debe ser realmente *buena*...de hecho, ¡solo debiera ponerse *mejor*!

Este libro está lleno de ánimo y fe. Usted verá cuán fácil es vivir una vida fructífera y agradable. Mi oración es que le sean impartidos gozo y fortaleza a medida que lea las páginas siguientes. Este libro es de lectura fácil, pero pudiera cambiarle para siempre, porque en verdad, la segunda mitad de su vida debe ser la mejor mitad. ¡Lo mejor está por llegar!

CAPÍTULO UNO

La actitud lo es todo

Usted fue creado para disfrutar lo mejor de todo. Piense en cada elemento positivo que haría que su vida fuera completa y maravillosa, cosas como buenos amigos, un cuerpo saludable y en buen estado físico, provisiones abundantes, una apariencia dinámica y resplandeciente, favor dondequiera que usted vaya, paz interior, espiritualidad dinámica y un hogar y una familia llenos de alegría. ¿Sabía usted que todas esas cosas están a su disposición? La segunda mitad de la vida le ofrece el potencial para apropiarse de todo lo anterior y mucho más. De hecho, en realidad es más fácil en cierto sentido asegurar estos beneficios a medida que usted madura.

Sin embargo, hay una llave vital para abrir la puerta a este futuro brillante de posible abundancia y dicha. Sus días postreros pueden ser realmente mejores que los primeros si su actitud hacia la vida lo facilita. Su perspectiva en cuanto a la vida puede abrir la puerta hacia la plenitud y la alegría o hacia la carencia y la opresión. Su actitud lo es todo.

¿Es usted por lo general una persona positiva o en su actitud ante la vida prevalecen modos de pensar negativos y temerosos? Cambiar su actitud puede cambiar por completo el rumbo de su vida. Por ejemplo, su actitud puede determinar si una prueba es una piedra de tropiezo o un peldaño en el camino, todo depende de su perspectiva y de su modo de pensar. Las actitudes negativas facilitan los resultados negativos mientras que las actitudes positivas atraen bendiciones positivas como si fueran un imán. De hecho usted puede ayudar a determinar un cambio positivo en su futuro con simplemente cambiar su actitud.

Un contraste

Cuando trabajaba en un laboratorio médico me familiaricé con dos caballeros ancianos que venían semanalmente para hacerse análisis de sangre. Sus turnos tenían quince minutos de diferencia cada viernes en la mañana. Uno venía siempre con una actitud y aspecto miserables. Estaba desaliñado, tenía líneas profundas de preocupación en su rostro y los ojos revelaban un corazón enojado. Siempre estaba molesto por algo, nunca decía una palabra amable y era muy negativo y quejoso. Intentamos cambiar su conducta al mostrarle saludos positivos, pero él no respondía. Era un anciano miserable que a todas luces lucía contrariado, oprimido y amargado.

El otro caballero era todo lo contrario. Cada viernes entraba al laboratorio con una alegría desbordante. Aunque padecía diabetes y una enfermedad del corazón, era como un rayo de sol. Sus ojos brillaban con vida y su rostro estaba lleno de una alegría radiante. Caminaba con bastón, no obstante, había un gozo en su andar. Nunca olvidaré su rutina semanal. Él entraba al laboratorio saludando a todo el mundo en la sala de espera, se inscribía en el mostrador y luego se sentaba y afirmaba con énfasis: "Tengo 90 años y le doy gracias a Dios porque hoy me ha dado un nuevo día para vivir". Todo el mundo sonreía. Era encantador y realmente iluminaba la habitación y a todos los que estaban en ella.

Con el paso de varias semanas me familiaricé bastante con ambos caballeros y descubrí que tenían muchas similitudes. Sus edades eran parecidas. Ambos habían experimentado algunas tragedias en sus vidas y habían sufrido pérdidas. Sus actitudes, sin embargo, eran muy diferentes. Uno solo podía ver lo negativo en todas las cosas mientras que el otro solo buscaba lo positivo. El fruto de las actitudes de sus vidas era muy evidente. Uno era miserable, amargado y rechazado. Su presencia en la habitación producía agitación así que la gente lo evitaba a propósito. El otro vivía en una plenitud de favor y alegría. Todo el mundo disfrutaba su presencia, era como una bocanada de aire fresco para todos.

Mientras observaba el resultado de estas actitudes, tomé mi decisión. Era obvio, si quería un futuro feliz, entonces mis actitudes lo eran todo. No es difícil cultivar una perspectiva positiva, es simplemente cuestión de crear el hábito de *solo* pensar de manera positiva. Si usted está acostumbrado a pensar de manera negativa, puede que le tome más tiempo, pero es tan fácil como tomar una decisión. El negativismo es un hábito muy destructivo y el patrón del pensamiento negativo por lo general se desarrolla en la infancia. Mientras más usted tolera el pensamiento negativo, más arraigada se vuelve esta manera de pensar y la cosecha de las consecuencias correspondientes aumenta de manera exponencial. Sin embargo, este patrón puede romperse en cualquier momento y no tiene que ser difícil, ¡en realidad puede ser muy divertido! Comienza con la decisión de cambiar. Si usted cambiara sencillamente dos o tres pensamientos negativos al día y los viera con una perspectiva positiva, marcaría una gran diferencia en su vida. No se desanime si le toma tiempo establecer un nuevo hábito. Cualquier cambio, aunque sea una mejoría ligera, es mejor que nada.

¡Las atmósferas negativas son agotadoras!

No hay nada tan agotador como estar en una atmósfera negativa. Como ministra itinerante he tenido la oportunidad de quedarme en casas de muchas personas mientras doy conferencias en esa región. La mayoría de los hogares han sido lugares absolutamente deliciosos para hospedarse. Los ambientes felices y positivos promueven fortaleza y refrigerio y permiten que se fomenten grandes relaciones. Sin embargo, en los hogares que son la excepción, yo he podido sentir la tensión del negativismo en el ambiente en el mismo instante que cruzo el umbral de la puerta. Lo único que se necesita es una persona negativa en la familia para que se libere una atmósfera de opresión.

Una actitud negativa siempre consumirá su alegría, su paz y su fuerza. Establecerá a su alrededor una atmósfera que a la larga afecta a otros en su esfera de influencia. ¿Alguna vez ha estado acompañado de alguien de cuya boca fluye un río de negativismo, chisme y pesimismo? No sé a usted, pero a mí me dan deseos de correr. Algo que he observado es que las personas que constantemente hablan de manera negativa y muestran actitudes negativas por lo general ni si siquiera se dan cuenta de que tienen un problema. Pero todos a su alrededor sí.

Tenga cuidado con este tipo de ambiente porque es infeccioso. Yo he visto el negativismo y el chisme propagarse por centros de trabajo completos y por círculos de amistades. En nuestro hogar y ministerio no toleramos el negativismo y el chisme. Si surge, siempre lo confrontamos con amor. Si no lo hacemos, pudiera convertirse en un virus y diseminarse por todo el campamento.

Recuerdo una situación en la que yo intentaba responder a cada comentario negativo con el "lado positivo" de las cosas, pero las otras personas no lo captaban. Seguían reafirmando su perspectiva negativa. Por fin al tercer día les llamé la atención gentilmente en cuanto a su actitud y conversación negativas con la intención de ayudarles. Parecían consternados. Después me enviaron un correo electrónico justificando su negativismo debido a la vida difícil que habían experimentado. Sugirieron que mi confrontación había añadido más dolor y trauma. El negativismo engendra negativismo. Lamentablemente, este los tenía cegados.

El poder de una perspectiva positiva

Cada vez que usted medite y escoja una perspectiva positiva, habrá aniquilado un pensamiento negativo. No se puede ser positivo y negativo a la misma vez. Lo positivo siempre se traga a lo negativo de la misma manera que la luz expulsa las tinieblas. Si usted toma la iniciativa y decide escoger solo pensamientos positivos, entonces es imposible que lo negativo prevalezca. Cuando usted tome la decisión de escoger una perspectiva y punto de vista positivos, no se deje engañar por las emociones que contradigan su decisión. Sencillamente tome su decisión y manténgase firme en la misma. Los sentimientos vendrán después. Se alinearán si usted permanece en su decisión. En este caso sus sentimientos no cuentan, sus decisiones sí.

Usted puede fácilmente volverse adicto, con una adicción santa, a las actitudes positivas por el hecho de que le hacen sentir bien por dentro y dan un fruto tan bueno.

La actitud influye en el proceso de envejecimiento

La ciencia médica ha descubierto que las actitudes negativas aceleran el proceso de envejecimiento, son un obstáculo para la salud y la sanidad, y afectan el bienestar emocional y relacional. Por otro lado, se ha determinado que las actitudes positivas promueven la salud, la sanidad, las buenas relaciones y retardan el proceso de envejecimiento. Tal vez esto sea a lo que se refiere Proverbios 17:22 cuando dice: "El corazón alegre constituye buen remedio; Mas el espíritu triste seca los huesos".

Una de las personas especiales en mi vida es mi padre. De hecho él es la persona más positiva que conozco. Él se entrenó a sí mismo para ser así. Nunca olvidaré cuando tomó la decisión para año nuevo de solo pensar positivamente. Yo tenía unos 11 años cuando él tomó esa decisión que cambió su vida. Estaba tan decidido a solo tener pensamientos positivos y nos animó a hacer lo mismo. Cada vez que expresábamos algo negativo, él decía: "Vamos, no sean negativos, piensen en cambio en algo positivo". En aquel momento mi mente de preadolescente pensaba que exageraba un poco. Pero con los años se me pegó y estoy verdaderamente agradecida por sus actitudes y perspectiva positivas. Él es un hombre muy alegre ahora que ya está en sus últimos años. Él ha vivido con esta decisión buena por más de 45 años.

Mi abuelo me contó esta divertida historia que ocurrió cuando mi padre estaba desarrollando su mentalidad positiva.

Una mañana papá estaba comiendo un bol de "comida saludable". Mi abuelo contempló la sustancia que había en el bol y le preguntó: "Bert, ¿qué es lo que estás comiendo? Nosotros les dábamos cosas así a los cerdos en la finca durante la Depresión". Papá se quedó callado unos segundos y luego respondió: "Bueno, quizá por eso sus pelajes eran tan brillosos". ¡Eso sí que es una respuesta positiva bien entrenada!

Una actitud positiva con relación a su futuro

Muchas veces, cuando las personas llegan a los 40, 50 y 60 años sienten temor con relación a su futuro. ¿Cómo podré mantenerme a mí mismo? ¿Cómo podré mantenerme al día con todo? ¿Y si me falla la salud? Si usted mantiene una perspectiva positiva su futuro será bendecido. El temor y el negativismo traen aquello a lo que se teme y se cree que sucederá. Si usted teme que tendrá un futuro turbulento, entonces probablemente lo tendrá. El negativismo atrae la misma esencia de aquello que cree. "Porque cual es su pensamiento en su corazón [del hombre], tal es él" (Proverbios 23:7). He descubierto que las actitudes y las perspectivas crean un efecto magnético. Las actitudes negativas atraen negativismo y contratiempos mientras que las actitudes positivas atraen resultados positivos.

Piense bien con respecto a su futuro. Usted no fue creado para tener una vida maldecida. Usted fue creado para tener una vida abundante y bendecida. Cuando Dios creó a la humanidad "…los bendijo, diciendo: Fructificad y multiplicaos" (Génesis 1:22). Usted fue hecho para una vida completa y desbordante en la tierra.

Abraham no dejó de ser bendecido por Dios a los 100 años, ni siquiera a los 175. No, la Biblia dice que él murió "en buena vejez". Él era un hombre satisfecho (ver Génesis 25:8). A esto ha sido llamado usted también. "Y como tus días serán tus fuerzas" (Deuteronomio 33:25).

Cuando piense en su futuro, sonría. Será bueno. No escuche las mentiras del mundo que le rodea. En el dominio del tiempo usted no tiene muchos años para vivir, así que haga que cada día cuente. Usted no está aquí solo para ver los días pasar sino que está viviendo en el dominio del tiempo para dejar algunas cualidades maravillosas. Usted tiene dones especiales para dar al mundo que le rodea. Su sonrisa. Sus talentos. Su sabiduría. Sus oraciones. A los 80, 90, o incluso 100 años usted puede ser alguien que cambie al mundo y que haga historia.

La edad no entorpece su capacidad productiva. A veces yo sueño cómo seré cuando tenga 90 años. ¡Tremenda visión que recibo! Quiero ser la abuelita más valiente, sabia y linda. Quiero explorar nuevos territorios y hacer cosas nuevas que nunca antes haya hecho. Tal vez haga paracaidismo libre o algo así (solo bromeaba...pero uno nunca sabe, ¡sonría!). La generación más joven querrá sentarse a mis pies y escuchar todas las aventuras maravillosas que haya experimentado en la vida...tal vez hasta cosechen algo de sabiduría. Pensarán que soy muy linda y querrán mimarme mucho. ¡Qué divertido! No, en serio, qué gran futuro nos espera si nos atrevemos a mirar las posibilidades.

Haga una inversión en su futuro al pensar y hablar del mismo, ahora, de una manera positiva. Usted puede tener aquello que crea. Nunca se es demasiado viejo como para lanzarse a aventuras y empresas nuevas y emocionantes.

Una vez conocí a un abogado que se graduó de la facultad de derecho a los 70 años de edad luego de cambiar de profesión a los 60 años. A los 72 años se convirtió en el abogado defensor de un famoso juicio por asesinato. Ganó el caso. ¡Nunca es demasiado tarde!

Una actitud positiva con respecto a su apariencia

Alrededor de los 40 años el cuerpo comienza a manifestar algunos cambios en el tono y la textura de la piel, las hormonas, el metabolismo, el tono muscular, los patrones de sueño, pérdida del cabello y cambio en el color del mismo, la libido y otros síntomas del envejecimiento.

Aunque a veces estos síntomas pueden ser desalentadores, la actitud lo es todo. En la segunda mitad de su vida usted nunca tendrá el cuerpo ni la apariencia que tenía a los 20 o los 30 años. Si trata de encontrar su cuerpo de los 20 o los 30 años, se sentirá desilusionado.

¿Por qué? Porque usted ya no tiene ni 20 ni 30. Ahora está en la segunda mitad de su vida, la mejor mitad. Hay beneficios en la segunda mitad que usted no tuvo en la primera. Comience a explorar esas maravillosas posibilidades y póngase la meta para ser un "asombro" en su generación. No sufra por sus pérdidas sino anticipe sus ganancias. Su cuerpo en la segunda mitad de la vida puede ser un testimonio sobresaliente de la bondad del Señor. Deje que su cuerpo maduro resplandezca y manifieste gloria.

Cuando tenía treinta y tantos años asistí al estudio bíblico de una amiga. Una de las damas que fue a la reunión era tan llamativa. Estaba llena de valentía y gozo, y su conversación aportaba una riqueza de ingeniosas perspectivas. Además de su gran personalidad y sabiduría, era absolutamente bella en el sentido físico, aunque sus rasgos no tenían nada de extraordinarios. Estaba en la segunda mitad de su vida, pero resplandecía con un brillo indescriptible. Se vestía a la moda con una belleza especial e inexplicable. Yo me quedé completamente pasmada más tarde cuando supe que tenía casi 80 años. Le pregunté cuál era su secreto. Ella se inclinó hacia mí y susurró: "Ama a Dios con todo tu corazón, mantén una mentalidad positiva… ¡y aléjate de esas tiendas para ancianitas!".

No deje que el espíritu de espantajo se apodere de usted. Recuerde, usted es un brillante en la segunda mitad de la vida….así que salga y brille. Luzca de la mejor manera, si quiere, cambie de imagen. Mire al espejo cada día y hable a la persona que ve ahí: "¡Caramba, tú sí que eres algo extraordinario! Eres hermoso(a), extremadamente impresionante ¡por dentro y por fuera! ¡Fuiste creado gloriosamente para un momento así!". Arriba, pruébelo. Bendiga esas arrugas. No salieron de un día para otro. Se necesitaron años viviendo en el planeta Tierra para adquirir esas encantadoras marcas de gracia. Si trata de llenarlas, volverán a salir, así que no luche contra ellas…acéptelas y ámelas. De todos modos las va a tener (a menos que decida tener la imagen de la "cara estirada"), así que lo mejor es que les saque el mayor provecho. Cada arruga dice mucho, ¡cada una requiere de mucho en el proceso de la vida para establecerse! Tal vez debamos valorarlas más.

¡Sáqueles el mayor provecho!

He descubierto que en el proceso de envejecimiento mi piel y mis músculos parecen ser más obedientes a la fuerza de gravedad. Hace poco mi nieto pequeño estaba acurrucado conmigo… Observó mi garganta durante un rato con una mirada perpleja y luego gentil y cuidadosamente agarró un poco de piel flácida. (Me sorprendí tanto de que la encontrara pues es algo tan pequeño, muy pequeño… ¡sonría!) —¿Qué es eso? —preguntó. —Bueno, eso es un secreto especial de abuela, cariño —le contesté—. Solo las abuelas lo tienen cuando nos ponemos viejitas. ¿Verdad que es suave? Te voy a dejar que te acurruques contra él si tienes cuidado…pero recuerda, es muy especial, así que trátalo bien.

¿Por qué lamentarse por la bolsa? Está ahí y ni todo el ejercicio del mundo puede arreglarla por completo. Si usted se la arregló con cirugía, puede corregirse un tiempo, pero al final esta encontrará la manera de volver a colgar. Así que yo escojo verla como lo que es, un tesoro…y mi nieto también. Todo es cuestión de perspectiva. ¿Por qué deprimirse tanto por una pequeña "bolsa de piel" cuando puede divertirse con ella?

En otro capítulo trataremos el tema del control del peso. Es común que la gente en la segunda mitad de la vida se desanime ante el aumento del peso. Una de las mejores claves para vencerlo es tener una actitud positiva. Usted puede lograrlo. No mire los fracasos del pasado, recuerde que usted es un ganador. Ámese a sí mismo y sepa que no hay nada demasiado difícil para usted. Si usted cree que algo es demasiado difícil, lo será. Si cree que puede hacerlo, lo hará.

Desarrolle la belleza interior de su corazón. Atributos como la bondad, la gentileza, la pureza, la fe y el gozo se reflejarán en su apariencia externa. No hay nada más bello que un corazón puro, bondadoso y amoroso. Si usted es positivo por dentro, lo manifestará externamente.

Cuando usted invita a Jesús a venir a su corazón, él le da una nueva vida por dentro. La Biblia dice que el hombre exterior perece pero que el interior se renueva cada día (véase 2 Corintios 4:16). Si usted permite que el hombre interior se fortalezca, esa "vida de Dios" también se reflejará exteriormente. En Isaías 60:1-2 leemos: "Levántate, resplandece; porque ha venido tu luz, y la gloria de Jehová ha nacido sobre ti. Porque he aquí que tinieblas cubrirán la tierra, y oscuridad las naciones; mas sobre ti amanecerá Jehová, y sobre ti será vista su gloria". ¡Tremendo! Aquí hay una gran promesa para todos aquellos que estamos en la segunda mitad de la vida.

Imagine cómo se verá usted cuando la gloria sea vista sobre usted. ¡Imagine la bendición de tener su gloria sobre usted! Esta es una promesa real para el pueblo de Dios, así que recíbala por fe en su propia vida. La gloria de Dios es su lumbre, su esplendor, ¡su majestad! Medite en esta revelación y deje que su corazón la digiera. Créala. Usted puede convertirse en alguien que resplandece, un brillante, alguien que irradia la gloria y poder impresionantes de Dios.

El Salmo 103 nos da algunas claves para la vida abundante en la segunda mitad de la vida. De hecho, en el versículo 1 David le ordena a su alma que bendiga al Señor con todo su ser. En el versículo 2 exhorta a su alma a que no olvide ninguno de los beneficios del Señor y comienza a enumerarlos. Él le ordena a su alma que piense en aquellas cosas que son buenas y positivas. En el versículo 5 él expresa que el Señor "sacia de bien tu boca de modo que te rejuvenezcas (renovar, hacer nuevo, y reparar, tomado de *New American Standard Bible Old Testament Hebrew Lexicon*, concordancia Strong # 2318) como el águila". Las águilas pasan por ciclos de renovación en los que se van a un lugar apartado y se arrancan las plumas, se sacan los talones y aporrean sus picos hasta dejarlos en nada. Luego quedan a la misericordia de Dios mientras esperan por su renovación. Crecen plumas nuevas, se forma un pico nuevo y salen talones nuevos. El águila literalmente queda nueva.

Las palabras positivas cambian su actitud

Cada día está lleno de posibilidades, independientemente de

su edad. Cada día es único y nuevo. Cuando usted camina con una perspectiva y actitud positivas, puede esperar que sucedan cosas emocionantes. Cualquier cosa que usted busque la encontrará. Su actitud y expectación a menudo determinarán el resultado de su día.

Un verano en el campo misionero en México nos quedamos en una comunidad muy pobre donde la mayoría de las personas vivían en chozas de cartón sin agua entubada o corriente ni ninguna comodidad. Tuvimos el privilegio de quedarnos en tiendas de campaña con nuestro equipo de 50 personas y usamos el edificio pequeño y humilde de una iglesia para celebrar nuestras reuniones. También había una habitación pequeña en la iglesia donde cocinábamos nuestras comidas de campamento. Yo me levantaba como a las 5:00 a.m. para tener un tiempo tranquilo de oración y para comenzar a preparar el desayuno. Sonaba la campana para que el resto del campamento se levantara a las 7:00 y servía el desayuno a las 8:00.

Cada mañana los miembros del equipo de alcance entraban a mi pequeña cocina improvisada para buscar una taza de agua con que lavarse los dientes. Un joven de unos veinte años me saludaba todos los días con la misma confesión. Medio dormido se servía su agua, me miraba y decía: "Detesto las mañanas. ¡Yo no soy madrugador!". Día tras día yo escuchaba su enfática declaración. Por fin cerca del quinto día confronté a este joven y le dije:

—Detestas las mañanas porque decides tener esa actitud. Si decidieras amar las mañanas, podrías comenzar a disfrutarlas.

—Eso nunca sucederá —dijo él.

—¡Pruébalo! —lo desafié.

Cada día después de eso él venía a buscar su agua y repetía la misma rutina, solo que había cambiado su declaración.

—¡Me *encantan* las mañanas! —declaraba.

Yo percibía el sarcasmo en sus palabras, pero bueno, era un comienzo. Durante los próximos días él continúo diciendo lo mismo y para el final del verano ya estaba bastante animado por las mañanas. Mediante su confesión, su actitud entró en alineación divina. Después se unió a nuestro equipo e incluso dirigía las reuniones de oración de las mañanas. Una confesión positiva puede cambiar la manera en que usted ve su día y con el tiempo cambiar su actitud... incluso si usted piensa que detesta las mañanas.

En el libro de Santiago encontramos una clave excelente para la vida abundante:

> *Todos fallamos mucho. Si alguien nunca falla en lo que dice, es una persona perfecta, capaz también de controlar todo su cuerpo...También la lengua...prende a su vez fuego a todo el curso de la vida...* (Santiago 3:2,6).

Las palabras que decimos preparan el terreno de nuestra vida, ya sea para bien o para mal. Las palabras de Jesús siempre estaban llenas de fe y poder. En Juan 6:63 él dijo: "... Las palabras que les he hablado son espíritu y son vida". Realmente hay vida y muerte en el poder de la lengua. Si usted cambia lo que confiesa, esto literalmente puede cambiar el curso y el resultado de su vida.

En la segunda mitad de la vida sus días pueden estar llenos de oportunidades gloriosas. Confiese esto como una realidad. Espere con ansias cada día. Anticipe momentos maravillosos. Los encontrará si los busca.

Actitudes positivas hacia otros

Yo amo a las personas. Desde una edad temprana me

acostumbraron a buscar siempre lo mejor de las personas, así que por naturaleza me inclino hacia eso. Cada persona es única. Cada una fue creada con un tremendo valor y sin embargo, cada persona manifiesta tanto puntos fuertes como debilidades, tanto atributos positivos como negativos. Es fácil que nos perturben las características negativas de otra persona, pero se nos olvida que nuestros atributos negativos también afectan a otros (aunque nunca nos parece que nuestros problemas sean tan malos como los de los demás). Según la manera en que usted trate a otros, usted será tratado.

Escoger buscar siempre lo mejor en otra persona producirá una gran alegría en su vida. Incluso detrás del exterior más duro hay una bella creación que Dios modeló con excelencia. Cualquiera puede ver un defecto en otro porque eso es fácil para la mayoría de nosotros, nuestra tendencia es inclinarnos hacia ese tipo de enfoque. Se necesita una persona especial para descubrir y enfocarse en lo bueno. Qué maravillosa cualidad tiene la persona que es capaz de descubrir las características bellas en el interior de otra persona y presentar esos aspectos a otros.

Escoger una actitud correcta puede cambiar verdaderamente la manera en que usted se siente con relación a las personas. Recuerdo haber luchado con un joven en particular cuando yo estaba comenzando el ministerio de púlpito. Él era un chico de la calle cuyo lenguaje era muy grosero. No estaba muy práctico en cuestiones de higiene y el olor de su cuerpo, sus ropas sin lavar y el mal aliento ahuyentaban a muchos. Además, su conducta intelectual y social constituía un desafío. Yo le caía bien y siempre quería andar conmigo, pero mi actitud era muy negativa hacia él. Me avergüenza decir que por fuera yo fingía ciertos niveles de cortesía hacia él. Aunque de mis labios salían palabras corteses, en realidad sentía náuseas cuando él aparecía en una reunión. Debido a que tenía serios problemas de la vista, siempre se me acercaba mucho y me miraba directo a los ojos.

En ocasiones yo incluso intentaba esconderme de él. Una noche, cuando estaba tratando de realizar uno de mis "actos para desaparecer", Dios me agarró y me señaló lo que estaba haciendo. Él habló claramente a mi corazón y dijo: "Si sigues rechazándolo, se volverá más rechazable para ti. Pero si decides aceptarlo y quererlo, se volverá más aceptable para ti".

Me sentí tan culpable esa noche que decidí cambiar mi actitud hacia él. Decidí buscar los maravillosos tesoros escondidos que yacían tras el exterior tan áspero que había modelado su pasado doloroso. Esa noche me acerqué a él cálidamente, lo invité a sentarse a mi lado en la reunión y que luego nos acompañara a mis amigos y a mí a tomar café. Él se sintió muy conmovido ante este gesto de amabilidad, pero para mí fue todavía más significativo el hecho de que percibí un cambio inmediato en la manera en que yo me sentía con respecto a él. Con el tiempo se convirtió en una de mis personas favoritas y en un amigo de la familia. Al principio él no cambió para nada su apariencia exterior ni su conducta, pero mi actitud sin dudas había cambiado. Con el transcurso del tiempo notamos muchos cambios en su higiene y en su manera de comunicarse. Estaba floreciendo como persona y todo el mundo notaba la diferencia. La gracia hermosa siempre había estado dentro de él, enterrada en las envolturas de una vida difícil. Lo único que necesitaba era amor y apoyo para dar lugar a los tesoros que había dentro.

Se convirtió en un proyecto de amor para nuestro círculo de amigos. Él nos enseñó muchas lecciones valiosas que confrontaban cosas en nosotros. Nosotros tuvimos que enseñarle gentilmente con relación a los límites, pero una vez que nos ganamos su confianza, él aprendió muchas cosas rápidamente.

Nunca olvidaré el día en que me dijo que se iba de nuestra

zona para responder a una oportunidad de trabajo. De hecho yo me sentí triste porque ya no lo veía tan a menudo. Todos teníamos lágrimas en los ojos el día en que lo despedimos en oración para su nueva aventura. ¡Mi perspectiva transformada lo cambió todo!

Cultivadores de gracia

El pastor y escritor Graham Cooke llama "cultivadores de gracia" a las personas que irritan nuestra carne. Tal vez usted conoce personas en su centro de trabajo, su iglesia o su vecindario que le caen mal. Pueden ser una espina que usted tiene clavada o una rosa en su mano, según como usted los vea. El hierro con hierro se aguza y algunas de esas personas difíciles pueden sacar cosas en usted que necesitan ser refinadas, cambiadas o maduradas. Puede convertirse en un juego divertido si usted busca maneras de crecer en amor, paciencia y sabiduría en compañía de sus "cultivadores de gracia". Asuma el reto del amor con una perspectiva positiva y disfrute el resultado. Sus "cultivadores de gracia" personales pudieran ser el mayor regalo en su vida si usted sencillamente les da la oportunidad. Los cultivadores de gracia trabajan para producir suavidad en nuestras vidas. A medida que envejecemos tenemos la oportunidad de madurar en nuestra capacidad de apreciar a aquellos que son un desafío. Si no aceptamos estos "regalos" entonces pudiéramos volvernos duros e intolerantes. Volvámonos "suaves", es una mejor opción.

Nuevos amigos

En la segunda mitad de la vida propóngase hacer nuevos amigos. Es fácil acomodarse con lo que ha ya está establecido, pero las cosas nuevas (incluyendo las relaciones) siempre mejorarán su vida con flexibilidad y sabor. Después de vivir en el mismo lugar durante más de 25 años, un caballero que tenía alrededor de 55 años recibió una transferencia en su trabajo y se mudó a una ciudad que estaba a unas 1,000 millas (1,600 kilómetros). En el lugar anterior él tenía un amigo muy íntimo y algunos conocidos. Su esposa había fallecido hacía algunos años. El nuevo puesto de trabajo era difícil ya que él había trabajado en la misma planta durante mucho tiempo. Después del cambio sufrió de depresión, sobre todo debido a la ausencia de su amigo. Durante más de un año anduvo melancólico por el desánimo que le provocó la mudada. Por fin comenzó a conocer personas nuevas y a tener nuevos intereses. Tomó la decisión de ser flexible y cambiar su rutina. Cultivó nuevos intereses y amigos. Empezó a jugar golf, tenis y bolos. Encontró una iglesia que le gustaba y conoció personas del grupo de solteros y en el estudio bíblico. Al principio tuvo que hacer un esfuerzo para salir de su rutina, pues tuvo que esforzarse para asistir solo a todas esas actividades. Antes de que pasara mucho tiempo todo comenzó a marchar bien. De repente se vio en medio de muchas amistades y actividades nuevas que produjeron mucha alegría en su vida.

No tenga temor de lanzarse a nuevos intereses y de conocer nuevos amigos. Quizá requiera esfuerzo, pero al final valdrá la pena. Siga abriéndose paso. Las relaciones nuevas le mantendrán fresco. Las personas son interesantes, pueden enriquecer su vida. Cada una es una piedra preciosa que puede disfrutarse.

Actitudes positivas ante las pruebas

La vida está llena de pruebas, todo el mundo las tiene. Nadie está exento. Aunque usted no lo crea, las pruebas pueden ser sus mejores tutores para una buena vida. Las pruebas siempre son incómodas y nunca son agradables, pero la actitud que usted tenga será su éxito o su ruina en medio de ellas. Su actitud determinará si usted saca de la prueba "los tesoros escondidos, y los secretos muy guardados" (Isaías 45:3).

Yo he descubierto que las pruebas pasan por un ciclo. Tienen un comienzo y un final. Hace años yo solía gritar y chillar cuando pasaba por un período de prueba. Sentía pena de mí misma, me quejaba constantemente y me estresaba. Perdía el sueño y comía demasiado. Después de varias pruebas hice un gran descubrimiento: mi negativismo no ayudaba en la prueba. Mis actitudes negativas, quejosas y ansiosas no acortaban la prueba ni la hacían más fácil. Como resultado de esta percepción, cambié mi actitud. Pensé: "Si esta prueba va a seguir su curso, es mejor que esté feliz en medio de ella. Si no puedo hacer nada al respecto, más me vale disfrutar la vida según se presente".

Me instruí a mí misma en cómo buscar lo valioso en los lugares más oscuros de la vida. Las pruebas se convirtieron en un nuevo desafío para mí al descubrir que si pasaba por ellas con la actitud correcta, en realidad estarían a mi favor y no en mi contra. En las horas más oscuras siempre hubo cosas por las que podía estar agradecida y en las que me podía regocijar. No tenemos que estar agradecidos por una situación adversa, pero podemos estar agradecidos por todas las cosas buenas que nos sustentan. Por ejemplo, si un familiar tuvo un accidente, de ninguna manera usted daría gracias por el accidente. Sin embargo, usted pudiera fácilmente dar gracias por la fortaleza, la fe y la gracia que están a su disposición en medio de la prueba. Usted puede regocijarse en que Dios está con usted para consolarle, apoyarle y para ayudar a que usted y su familia puedan pasar por este tiempo difícil. Puede dar gracias porque la misericordia de Dios es nueva cada mañana y porque este es un tiempo poderoso para acercarse más a él.

La Biblia me ha enseñado:

Regocijaos en el Señor siempre. Otra vez digo: ¡Regocijaos! Por lo demás, hermanos, todo lo que es verdadero, todo lo honesto, todo lo justo, todo lo puro, todo lo amable, todo lo que es de buen nombre; si hay virtud alguna, si algo digno de alabanza, en esto pensad.
(Filipenses 4:4,8).

Si usted está pasando por una prueba, vuelva su mente y su corazón a aquellas cosas que tienen una naturaleza positiva. Busque los tesoros escondidos de sabiduría. Yo he descubierto que cada prueba probará tanto su amor como su fe. Si usted escoge andar en amor y tener un enfoque positivo y lleno de fe, sus pruebas en realidad le llevarán a un nivel superior de gracia operativa para la vida luego de esa temporada. Si encuentra a una persona que ha pasado por pruebas, encontrará a una persona que ha sido suavizada y quebrantada y no obstante permanece fuerte y confiada. Esa persona tendrá una fe segura y una autoridad tranquila y firme. Son personas favorecidas y honradas. Estas son algunas de las muchas recompensas maravillosas que las pruebas pueden producir si las ponemos en función nuestra.

A medida que caminamos por la segunda mitad de la vida es beneficioso meditar en las pruebas difíciles del pasado. Aprender de los errores que cometimos y darle gracias a Dios por todo lo aprendido a través de las mismas.

Planifique actividades que produzcan efectos positivos

Es probable que en su vida haya muchas actividades que le produzcan alegría y placer. ¿Cuáles son? ¿Qué actividades le alimentan con fortaleza y qué cosas le quitan su energía emocional y física? Mientras más usted pueda llenar sus días con actividades que creen ambientes, emociones y mentalidades positivas, más fuerte será usted en el sentido físico, relacional y mental.

Planifique su calendario mensual con actividades que le gusten y que espere con ansias. Esto añade gozo a su vida y el gozo le da fortaleza. Si trotar es una experiencia positiva para usted, entonces trote. Si limpiar la casa le produce satisfacción, entonces hágalo (también puede limpiar la mía si quiere). Quizá ir a mirar las vitrinas en los centros comerciales es una experiencia agradable para usted, o salir a cenar y ver una película. Otros pudieran disfrutar un juego de golf, montar bicicleta, hacer trabajos de artesanía, ir al gimnasio, jugar juegos de mesa o asistir a una conferencia.

Las actividades que produzcan estrés en su vida deben ser analizadas. Algunas no pueden evitarse ni eliminarse, pero otras sí. Si usted tiene actividades estresantes en su vida que no puede eliminar, entonces intente tener una actitud realmente buena y positiva con relación a las mismas. Además, rodee su vida de otras cosas que le produzcan placer. No deje que nada le quite su perspectiva positiva. ¡Escoja el lado bueno de todas las cosas!

¿Está listo para tomar una decisión de calidad?

¿Por qué no tomar ahora mismo la decisión de enfocarse en cosas que sean de naturaleza positiva? Marcará una gran diferencia en su vida. Hace años una canción se hizo popular. Decía así: "No te preocupes. Sé feliz". Eso prácticamente lo resume todo, ¿verdad? Así que ¡hagámoslo!, "no se preocupe, sea feliz" por el resto de su vida. Recuerde, la segunda mitad es la mejor mitad…disfrute el descubrimiento.

CAPÍTULO DOS

Espiritualidad dinámica: el fundamento

Durante mi carrera de enfermería trabajé bastante tiempo en una sala de cardiología donde los paros cardíacos eran algo común. En ocasiones, después de resucitar a las personas, estas nos contaban sus experiencias extracorporales después de la muerte. La descripción siempre era muy similar. Recuerdo un caballero que contó cómo se sintió cuando su espíritu se marchó. Él todavía estaba "en la habitación" cuando sonó la alarma del monitor del corazón y todos corrimos a la habitación. Él observaba desde el reino de lo invisible mientras nosotros satisfactoriamente nos ocupábamos de dar masajes cardíacos y suministrar medicamentos. Él sintió que regresaba a su cuerpo.

Su ser espiritual es la parte de usted que le da vida. Cuando esa vida le abandona, usted ha expirado. Nuestro cuerpo físico se apaga cuando la vida se va. Su cuerpo físico se mantiene vivo por el espíritu. Cuando usted mira un cadáver solo ve el caparazón de la persona. La vida o "espíritu" se ha ido. Su cuerpo físico es temporal y está sujeto al tiempo, pero su espíritu es eterno y vive para siempre.

A medida que envejece, usted comienza a pensar más en la vida que le aguarda después de terminar su paso por el reino del tiempo. Comienza a experimentar la pérdida de algunos de sus amigos y familiares según dejan esta vida y usted enfrenta muchas preguntas que probablemente no consideró mucho cuando era joven. Su bienestar espiritual adquiere más importancia para usted en la segunda mitad de su vida cuando usted medita en la enorme esfera de la eternidad y los misterios que la llenan.

En nuestra académica cultura occidental hemos descuidado, en sentido general, la salud de nuestra naturaleza espiritual y sin embargo, un espíritu saludable es muy vital para vivir una vida completa y dinámica. Durante los últimos años ha existido una sed notoria y creciente en las masas de buscar un Poder que sea mayor que sí mismas. La gente está buscando respuestas a la vida y buscando encuentros sobrenaturales y ayuda para la satisfacción espiritual.

Si usted alimenta su espíritu con buena comida, entonces todo lo demás en su vida funciona mejor. Si usted tiene una vida dinámica por dentro, esta se manifestará en otras esferas de su vida como su salud y fortaleza físicas, sus relaciones y su bienestar emocional y mental. Su estado espiritual también determina a menudo su prosperidad. Sin dudas es muy importante alimentar su espiritualidad.

Mi travesía

Yo experimenté una renovación espiritual cuando tenía unos 25 años durante una etapa muy oscura de mi vida. Todo estaba fuera de control e iba camino a la destrucción. Durante esa época yo busqué muchos maestros espirituales, consejeros, libros y sectas para encontrar paz interior. En mi caso la búsqueda inicial produjo todavía más desolación. Aunque todo lo que encontré podía disfrutarse de alguna manera, carecía de buenos frutos pues los síntomas de la destrucción aumentaron durante esta etapa. Uno siempre puede saber si algo es bueno o no al examinar sus frutos. Un buen árbol no puede dar frutos malos.

Yo creo que Dios honra al corazón que busca verdaderamente, ¡y yo sin dudas lo tenía! Una noche, en medio de mi dolor, tuve una experiencia que transformó mi vida. Descubrí esa noche que la Verdad era una Persona. Jesucristo vino a mi corazón cuando yo lo invité a que asumiera el control de mi vida hecha pedazos. Sentí que su amor me llenó por completo y supe, sin el menor asomo de duda, que todas las cosas dentro de mí eran nuevas. Me sentí tan tocada por este amor incondicional e inmerecido que me quedé despierta toda la noche y lloré. Estaba tan llena de gozo. ¡Realmente había recibido una vida nueva! Descubrí que todo el que invoca su nombre puede tener esta vida maravillosa, es un regalo. Él no hace distinción de personas. Él ama a todo el mundo.

Yo había buscado muchas actividades religiosas antes de experimentar este glorioso encuentro con Dios, pero tener una relación personal con Jesús es algo muy diferente a la religión. La religión tiene que ver con nuestra conducta y nuestras obras. Es cuestión de estructura y formas, mientras que con Jesús es cuestión de tener una relación íntima con nuestro Creador. Cristo es tanto Salvador como Creador. Cuando usted lo conoce realmente se da cuenta de que su búsqueda espiritual ha terminado. En la Biblia a Jesús se le llama Rey de reyes y Señor de señores y el Dios de todos los espíritus. No hay nadie como Él. Es el único mediante quien el hombre puede reconciliarse con su Creador. Yo sé que algunos de ustedes pensarán que esta es una manera muy dogmática de pensar, pero el propio Jesús hizo esta afirmación y es realmente lo que yo creo y lo que he experimentado. Yo sé, que yo sé, que sé. No tengo duda. El hombre no me dio esta revelación y el hombre no me la puede quitar. Cuando uno sabe esto, ¡lo sabe!

La relación con Dios es muy diferente de asistir a la iglesia o a una reunión con otros creyentes, aunque congregarse puede ser algo muy alentador y valioso para mantenerle sustentado en su fe. Sin embargo, la relación con Dios es solo eso, una relación. Él es real y tangible y usted puede encontrarlo por fe.

Entiendo que algunos lectores no comparten esta creencia. Hay algo de lo que estoy segura: si usted realmente está buscando experimentar la Verdad con un corazón humilde, la encontrará…usted lo encontrará a Él…y su vida nunca más será la misma.

En el Apéndice de este libro he incluido un pequeño folleto titulado *Dios le ama con amor eterno*. Este folleto explicará la mejor noticia que usted haya escuchado jamás y le presentará esta nueva vida. Si usted quisiera saber si Jesús realmente es Dios, entonces simplemente pídale que se le revele a sí mismo, ¡y él lo hará!

Alimento para su espíritu

La Biblia no es de primera instancia un libro intelectual ni académico, aunque está llena de una historia y percepción precisas que desafiarán hasta a los mejores intelectuales. Es en realidad un libro espiritual. En sus páginas y versículos hay capas y capas de revelación y verdad divinas. Meditar en la Palabra traerá vida y aliento a su espíritu, su mente y sus emociones.

Las Escrituras han existido durante mucho tiempo. Con el paso de los años se ha demostrado que las personas y las naciones que viven acorde a sus principios viven buenas vidas.

Antes de leer la Biblia pídale al Espíritu Santo que le conceda el espíritu de sabiduría y revelación para que usted pueda discernir la verdad que se encuentra en sus páginas. Busque las ideas maravillosas que él quiere compartir con usted. En ocasiones será como si las palabras que lee hubieran sido escritas personalmente por Dios para usted y solo para usted. En realidad puede ser así de personal e impactante.

Mientras más usted lee la Biblia y medita en sus versículos, más fortalecido será su espíritu y su mente será renovada. La Biblia es como alimento para su espíritu. Todas las promesas de la Palabra son para todo aquel que crea en Cristo, promesas gloriosas que apoyan una vida buena. Las promesas son reales ya sea que usted tenga un año o 100 y son eternamente verdaderas, ya sea que usted las crea o no. Creer en las promesas, sin embargo, es lo que aporta la sustancia de su realidad a la experiencia que usted tenga. Por ejemplo, las Escrituras me prometen que Dios suplirá para todas mis necesidades según sus riquezas en gloria por medio de Jesucristo (véase Filipenses 4:19). Eso es verdad, ya sea que yo lo crea o no, pero se manifestará en mi vida cuando yo lo crea por fe y lo reciba de manera personal.

Me gusta hacer declaraciones cotidianas de la Palabra porque es tan poderosa y alentadora. A continuación algunos atributos y beneficios de la Palabra de Dios:

1. Es eterna en los cielos. Jesús dijo que aunque los

cielos y la tierra pasen, su palabra nunca pasará (Véase Mateo 24:35).

2. Cuando la Palabra se declara no regresa vacía sino que en realidad se libera en el reino del espíritu para lograr sus propósitos. Así que como ejemplo digamos que usted declaró en cuanto a los tormentas de su vida: "Paz, estad quietos". Esa palabra, dicha con fe, irá delante y logrará la paz y la tranquilidad. No regresará vacía sin cumplir el propósito para el cual fue enviada (Ver Isaías 55:11).

3. La Palabra edifica un marco invisible de bendición alrededor de su vida. En Hebreos 11:3 las Escrituras nos enseñan: "Por la fe entendemos haber sido constituido [enmarcado] el universo por la palabra de Dios, de modo que lo que se ve fue hecho de lo que no se veía". Así que cuando yo declaro la Escritura que promete "Sobre mí vendrán bendiciones y me alcanzarán" (Deuteronomio 28:2-14), ese marco trabaja a mi alrededor para que las bendiciones se conviertan en mi destino. Las bendiciones se materializan porque primeramente fueron colocadas mediante la declaración de la Palabra de Dios.

4. La Palabra es como una semilla. Cuando usted siembra una semilla, esta crece y se convierte en una planta verdadera según la naturaleza de la semilla. Si yo siembro, mediante la declaración de la Palabra sobre mi vida, que "la gracia se multiplica sobre mí", entonces esa semilla de la palabra hará crecer esa promesa a mi alrededor. (Véase Marcos 4:1-20).

5. La Palabra es una lámpara a sus pies y una lumbrera

a su camino e iluminará su entendimiento con verdad para que usted no tropiece en la vida (Véase Salmos 119:105).

6. Los ángeles cumplimentan la Palabra de Dios, así que cuando ellos la escuchan decretada, eso los envía a trabajar a favor suyo. Por lo general usted no puede ver ni experimentar a los ángeles con los sentidos naturales pero ellos están a su lado. En estos días cada vez más personas están teniendo encuentros angelicales. En la Biblia era común que las personas experimentaran la aparición de ángeles. ¡Así que prepárese! (Véase Salmos 103:20; Hebreos 1:14).

7. La Palabra es un arma para la guerra. Cuando está luchando por un cambio radical en su vida y siente resistencia, la Palabra decretada se convierte en un arma poderosa a su favor. He visto muchas batallas resueltas con simplemente hablar la Palabra de verdad de Dios a la situación (Véase Efesios 6:17; 2 Corintios 10:3-5).

8. La Palabra asegura respuestas a la oración. Cuando usted ora acorde a aquello que se ha prometido en la Palabra, sus oraciones son escuchadas y respondidas según lo que dice Juan 15:7.

9. La Palabra le brinda limpieza y refrigerio. Meditar en la Palabra renovará su mente y fortalecerá su espíritu. (Ver Efesios 5:26; Romanos 12:2).

10. La Palabra crea. Dios creó todas las cosas en los cielos y la tierra mediante su Palabra. Él habló y las cosas fueron hechas. Cuando dijo: "Sea la luz", hubo luz. Su Palabra sigue siendo creativa hasta el día de hoy. Cuando usted declare luz sobre sus

tinieblas, las cosas cambiarán para usted y la luz vendrá. Usted también puede llamar a las cosas que no son como si fueran (Véase Romanos 4:17; Génesis 1:1-3).

Leer la Palabra, estudiar la Palabra y meditar en la Palabra es muy edificante. Cuando el Espíritu Santo destaca y revela verdad en las Escrituras, esto produce fe dentro de usted.

"Así que la fe es por el oír, y el oír, por la palabra de Dios" (Romanos 10:17).

Yo tengo como disciplina en mi vida leer la Palabra de Dios cada día en un lugar tranquilo. También me gusta llevar una Biblia en mi bolso para poder leerla cada vez que quiera. Viajo mucho en avión y me gusta aprovechar ese tiempo de tranquilidad durante el viaje para leer la Palabra.

Lea un poco de la Biblia cada día y alimente su espíritu. En sus páginas le aguarda una revelación especial. En el Apéndice de este libro he incluido para usted una copia de un pequeño folleto que escribí que se llama *Decreto*. Si quiere declare estas promesas de la Escritura sobre su vida cada día y verá que estas le renovarán y refrescarán. Estos decretos bíblicos son los que yo he declarado sobre mi propia vida durante muchos años.

Invierta en sus días postreros. Mientras más Palabra usted siembre en su vida, más luz y bendición se manifestarán. ¡Su gloria postrera sin dudas será mayor que la primera!

Oración

La oración es sencillamente comunicarse con Dios. Es cuando usted le abre su corazón y él le abre el suyo a usted. Usted no tiene que lidiar solo con las frustraciones de la vida ni tratar de solucionarlas en su propia mente. Tómese algún tiempo para abrirle su corazón a Dios. A Él le encanta escucharle. Jesús dijo que si le pedimos al Padre en su nombre, Él nos escuchará y nuestras oraciones serán contestadas (Véase Juan 14:13-14).

Yo amo la oración. Para ayudar a las personas en sus vidas de oración he puesto a su disposición enseñanzas en CD sobre los distintos tipos de oración. Pero su vida de oración no necesita ser complicada. No es tan importante aprender una técnica como ser real en la presencia de Dios. Su vida de oración le mantendrá lleno de vida. Todas sus preocupaciones y temores pueden ser llevados delante del Señor en oración. Usted puede soltar las cosas y dejarlas en manos de Dios para que su vida no esté cargada. Sencillamente entréguele sus cargas. Una vez que usted ore, deje que sea él quien resuelva. ¡Suéltelo y entrégueselo a Dios!

Usted puede orar por cualquier cosa que tenga que ver con la vida y la santidad porque, en Cristo, estas promesas ya le han sido concedidas. Es como que están esperando que usted vaya y las tome. Sea atrevido cuando ore. Pida este año cosas que bendecirán su futuro.

Un día, no hace mucho tiempo, miré a una amiga mía que tenía unos 50 años y lucía mucho más joven que la última vez que yo la había visto. Le pregunté cuál era su secreto. Ella respondió: "La oración". Me explicó que había encontrado las Escrituras que le prometían refrigerio, fortaleza y restauración de la juventud. Ella había orado esos pasajes cada día y estos comenzaron a manifestarse en su vida (Ver Salmo 103:5; Isaías 40:29-31).

No tenga temor de pedirle mucho a Dios. Él es un Dios grande y le emociona colaborar con usted. A él le encanta cuando sus hijos confían en él para grandes cosas.

Adoración

Usted fue hecho para adorar, sabe de manera innata que existe uno mayor que usted que es digno de su adoración. Todo el mundo, en lo profundo de su corazón, anhela adorar. Adorar quiere decir venerar, exaltar, poner en alto, honrar y alabar a otro que merece respeto. Implica una veneración y afecto profundos. Dios es digno de adoración.

Cuando exaltamos al Señor, él nos lleva a su mundo. Esa es una de las razones por las que a Él le encanta cuando lo adoramos. Él quiere que estemos cerca de su corazón, pero no se nos impone. Espera que vayamos a Él por nuestra propia voluntad. Entonces nos imparte las bendiciones de esa intimidad.

Una vez el Señor me reveló que cuando lo adoro por un atributo en particular, eso le da lugar para establecer dicho atributo en mi vida. Así que cuando lo adoro por su pureza y su sabiduría, eso le da lugar para otorgarme pureza y sabiduría y para cubrirme con esos atributos de su carácter. A medida que usted le da, Él derrama en usted precisamente lo mismo que usted sembró en el corazón de él.

Un corazón limpio

Un corazón puro es tan bello. Las Escrituras nos enseñan que los de corazón puro verán a Dios (véase Mateo 5:8). El rey David le pidió a Dios que creara en él un corazón limpio luego de haber cometido ciertos errores graves (véase Salmo 51:10). Usted fue creado para la pureza, y en ocasiones, incluso sin saberlo, usted la anhela.

A lo largo de nuestras vidas nosotros cedemos en nuestros valores. Al hacerlo, bajamos los estándares y dejamos que las impurezas nos llenen. Cuando yo observo a los niños pequeños que todavía no han sido expuestos a las crueldades y los vicios del mundo y la carne, veo tanta inocencia. Sus ojos son tan puros que uno puede ver sus almas inocentes. Fuimos creados para esta inocencia. No debía perderse nunca. Cuando por fin un niño es expuesto a la rebelión del mundo, las mentiras y la lujuria, uno puede ver el efecto contaminante que tiene en ellos y comienza la degradación. Se pierde la pureza.

Hace poco yo miraba a los ojos de un querido hombre cristiano que había mantenido su corazón puro en sus últimos años. Sus ojos eran de un azul cristalino, tan claro. Reflejaban la pureza de su alma. El mismo día, mientras estaba en un lugar público, un hombre mayor lascivamente miró mi cuerpo de arriba abajo mientras pasaba por su lado. Como me sentí profanada, me detuve, di la vuelta y le miré a los ojos. Él se alejó rápidamente. Había una oscuridad tan grande en él. Ambos hombres tenían aproximadamente la misma edad. Uno había velado por su corazón y el otro no. Usted no puede ocultar para siempre lo que hay en su corazón. En la segunda mitad de la vida, todo empieza a revelarse.

Todos sus errores del pasado pueden ser lavados si usted le pide a Dios que le perdone. Puede comenzar una vida nueva por completo y dejar el pasado atrás. Mi curso en CD *Catching the Thief* [Atrapar al ladrón] le enseña a las personas a someter sus vidas a este hermoso proceso de limpieza. No es difícil. Dios lo hace todo fácil. Cualquier cosa en su vida que sea un quebrantamiento de los Diez Mandamientos básicos, le hará daño, pero puede ser limpiado ahora mismo. Sencillamente pídale a Él que le perdone y que le limpie de toda injusticia. Cuando usted se humilla delante de Él, confiesa sus errores y recibe el perdón, entonces está listo para seguir adelante.

Proteja su corazón con toda diligencia porque de éste brotan los asuntos de la vida (véase Proverbios4:23).

Toxinas a evitar

Las toxinas contaminantes del alma como la amargura, la falta de perdón, las ofensas y las actitudes críticas y de juicio pueden crear una miseria profunda en su vida. Deben ser evitadas a toda costa si usted quiere tener una vida llena de bendición y libertad. La falta de perdón, por ejemplo, si se deja libre, le encerrará en una prisión de resentimiento y tormento mental. La amargura y las ofensas, junto con la falta de perdón, pueden destruir y erosionar su salud física y emocional. Los patrones de pensamientos críticos y de juicio le predisponen al rechazo de otros y también le cierran oportunidades. Las personas no confían en alguien que critica a otros porque entienden que una persona que juzga a otros a la larga la emprenderá en contra de ellos y también los traicionará.

Las actitudes críticas se convierten en un hábito. Usted no puede, y no debe, confiar su corazón a una persona criticona, amargada y que no perdone, quien es dada a la ofensa. Nadie disfruta estar alrededor de una persona así, aunque en ocasiones se tolera. Tales personas ni siquiera cuidan sus propios corazones así que no crea que serán sensibles al suyo. Al final el aislamiento se establece en sus vidas y, por supuesto, eso produce más de lo ya mencionado. Hay pocas cosas más incómodas que estar cerca de una persona que ha llenado su vida de estos venenos. El ciclo debe romperse y se puede romper.

Usted no tiene por qué seguir con esos atavíos. Usted escoge seguir con ellos o liberarse de los mismos. La decisión es suya. No hay mejor momento como ahora mismo, en este instante, para tomar una decisión de calidad y cambiar. Si usted descubriera hoy que está comiendo alimentos envenenados que le robarán la salud y le matarán, sería aconsejable que deje de comer la comida envenenada y que coma algo que estimule la buena salud. Lo mismo sucede con la comida espiritual. Si usted come veneno espiritual, de seguro que le destruirá.

He escuchado a algunas personas decir: "Aquella persona me ofendió". En realidad es imposible que alguien le ofenda ya que las ofensas no se dan, se reciben. Si usted está ofendido es porque *usted* lo recibió. Usted elige sentirse ofendido.

Es igual con la falta de perdón. La Biblia nos enseña a perdonar de la misma manera que el Padre nos ha perdonado. Usted ha herido a muchas personas en su vida incluso sin quererlo. Todos lo hemos hecho, a menudo sin saberlo. Usted ha cometido errores que han hecho la vida difícil tanto para usted como para los demás. Si usted está leyendo esto ahora mismo y piensa: "Yo no. Yo nunca he herido a nadie. Solo he hecho bien a las personas todos los días de mi vida", entonces probablemente esté engañado. Hay solo uno que es perfecto y no es usted. Todos hemos cometido errores, todos necesitamos ser perdonados.

Lo bueno es que hemos sido perdonados de todos nuestros errores, deficiencias y pecados. Jesús se lo pidió al Padre a favor nuestro hace más de 2,000 años y lo hizo. Todos nuestros pecados han sido perdonados. Sin embargo, hay dos cosas que nos impiden recibir este beneficio del perdón completo y eterno.

Primero, si no recibimos su perdón entonces, aunque nos fue dado hace más de 2,000 años, no nos hará ningún bien. Es como regalarle a un ser querido un auto nuevo lleno de campanas y silbatos. Si la persona nunca lo reconoce o lo recibe, ¿entonces cómo puede beneficiarle? Podría estar en la calle frente a su casa durante años y acumular polvo. Le pertenece en el sentido legal, pero nunca lo ha recibido y por tanto nunca disfrutará sus beneficios.

Segundo, la Biblia nos enseña que si no perdonamos a otros sus errores, entonces no seremos perdonados nosotros tampoco (véase Mateo 18:23-35; Mateo 6:12). Yo no puedo darme ese lujo ni por un minuto. Necesito mucha misericordia porque he cometido muchos errores en mi vida. Si quiero recibir perdón por todos mis pecados, mis errores y mis fracasos, entonces tengo que perdonar a otros los suyos. Esto no es una opción. A partir del momento en que niego el perdón a otro, he puesto mi propia alma en peligro. Algunos han luchado con el perdón ya que creen que no sería justo dejar que el ofensor quede libre. Cuando usted perdona a alguien no solo lo está sacando del atolladero sino que se está quitando el yugo de ellos. Dios se encarga del resto. Él es el juez de todo. Si escogemos juzgar nosotros mismos a la persona, entonces también seremos juzgados con la misma medida.

He aprendido a no escandalizarme cuando las personas me hieren. Sencillamente es parte de la naturaleza humana. Todos tenemos dentro de nosotros el potencial de herir a otros y todos lo hemos hecho. Es la fealdad de la carne humana. Está corrompida hasta la médula. No me corresponde a mí juzgarlos sino perdonar, amar y permitir que la situación me convierta en una persona mejor.

El estar bajo la mirada del público me ha dado muchas oportunidades de probar mis "niveles de amor". La madurez de una persona en la vida se mide por cuánto ama. La verdadera belleza de una persona se cuantifica según su medidor de amor. Los "concursos de belleza" de la segunda mitad de la vida tienen muy poco que ver con nuestra apariencia física, en su mayoría tienen que ver con amor y pureza de corazón, lo que a cambio se refleja en el ser exterior. Es esto lo que podemos esperar con ansias. Tal vez usted sea conocido por muchas cosas, pero si sigue su curso en la vida y es conocido por su amor, entonces no hay nada más grande. Esta es la belleza suprema del concurso. No hay nada más bello que el amor.

En el poder del amor usted no encontrará falta de perdón, amargura, resentimientos, actitudes críticas, ofensas ni juicios. En cambio encontrará paciencia, misericordia, bondad, perdón, apoyo, alegría, paz y gentileza.

Usted puede ser una persona así en la segunda mitad de la vida. Deje que todos los resentimientos y amarguras del pasado se vayan. Aferrarse a estas cosas no le ha ayudado ni protegido hasta este momento. Perdone a aquellos que le han herido para que usted también pueda ser perdonado. Su Padre en los cielos solucionará las situaciones con las que usted esté lidiando. Él es el Juez supremo que es justo en todas las cosas. No tome la justicia por su mano sino deje que él se encargue. Su paz interior en esta etapa de la vida es muy importante.

Permita que el amor sea su meta mayor.

El lugar secreto

La postura más importante en nuestra vida es nuestro tiempo personal con el Señor. Cuando leemos las biografías de evangelistas muy conocidos encontramos que su secreto para la manifestación del poder en sus vidas estaba en su oración personal y en los tiempos que pasaban a solas con el Señor. Cualquier cosa en la que usted se enfoque le dará poder. Cuando usted se enfoque en el Señor, entonces su presencia, sabiduría y amor le darán poder.

Cuando Jesús visitó el hogar de María y Marta, María se

sentó a los pies de Jesús para escucharlo mientras que Marta estaba distraída con los preparativos. Jesús afablemente le explicó a Marta que María había escogido lo mejor, que no le sería quitado (véase Lucas 10:38-42).

La vida está llena de distracciones y de cosas que captan nuestra atención y enfoque. El tiempo que pasamos a solas cada día con Jesús, aprendiendo de él, adorándole y empapándonos en su amor, es la mejor opción para nosotros, así como lo fue para María. El tiempo en su presencia producirá grandes frutos. Jesús es la vida y nosotros las ramas. Al habitar en él llevaremos mucho fruto (véase Juan 15:1-7). A medida que cada año progrese, su vida podrá llenarse cada vez de más fruto. Todo nace en el lugar de quietud e intimidad con el Señor.

Si usted no está acostumbrado a pasar tiempo con el Señor, quizá pueda comenzar por apartar 15 minutos cada día para orar, leer algunos versículos bíblicos y adorar. Su deseo de encontrarse con el Señor irá creciendo y creciendo a medida que usted separe este tiempo. Cuando vengan las distracciones, derrótelas al hacer una lista de la que pueda ocuparse después. Dígase a sí mismo: "Este es mi tiempo con Dios...más tarde me ocuparé de los negocios del día, pero este es mi tiempo más importante".

Mantenga su fe fresca

Todas las cosas son posibles si usted tan solo cree. No hay nada demasiado difícil para Dios. A medida que envejecemos debemos negarnos al cinismo y al escepticismo. Con mucha frecuencia los ancianos se encaprichan en sus formas y mentalidades y no amplían su pensamiento ni sus creencias. Esto lo encontramos en muchas iglesias. Cuando Dios revela cosas con relación a sí mismo y sus caminos, a menudo encontramos resistencias incluso en su Iglesia. Las personas dirán: "No, él no puede hacer eso. Así no fue como yo lo aprendí". Esto ha sucedido una y otra vez a lo largo de la historia de la Iglesia.

Dios es grande y fabuloso. Las posibilidades de lo que él puede hacer y hará en nuestras vidas y a través de las mismas son interminables. A medida que usted disfruta la segunda mitad de su vida, mantenga su fe fresca y viva. Crea que lo imposible se manifestará. Permita que su comprensión de la vida y de Dios crezca y se expanda. Las Escrituras dicen que sus caminos son impenetrables. Desarrolle un enfoque de la vida que ame y explore nuevos territorios y que se atreva a creer. No se quede atascado en formas de mente estrecha.

Relaciónese con personas de fe y visión. Estas le alimentarán de una pasión y celo frescos. Hay tanto que descubrir en Dios que se necesitará mucho más de toda una vida para ver cómo todo se desarrolla. Crea.

Comunión

Un carbón encendido solo no arderá por mucho tiempo, pero cuando está con otros puede convertirse en parte de un fuego flameante. La relación con otros creyentes es importante para nuestra fe. Yo encuentro que cuando converso con otros que sienten hambre espiritual eso en realidad aumenta y me desafía a ir a lugares más altos en Dios. Me encanta la comunión. Me encanta estar alrededor de aquellos que han experimentado al Señor de maneras poderosas.

Hay muchas casas de adoración en las que usted puede conocer a otros creyentes, recibir ánimo y desarrollar relaciones significativas. Yo paso gran parte de mi vida en congresos cristianos. ¡Me encantan! Es un tiempo en el que conozco a tantos creyentes apasionados. Los más hambrientos de los hambrientos parecen asistir a estos eventos, así que la atmósfera espiritual en dichos ambientes es insuperable. Siempre salgo tan edificada y me encanta reunirme con gente tan maravillosa en cada uno de estos eventos. En la segunda mitad de la vida, una comunión buena y sana con otros es un gran regalo y una fuente de fortaleza y ánimo.

Explorar el reino de lo sobrenatural

La Biblia está llena de relatos sobre la obra sobrenatural del Espíritu Santo. Jesús modeló una vida en el mundo sobrenatural que mostraba sanidades, milagros, liberaciones, señales y milagros.

Hoy vemos creyentes que hacen las mismas obras que Jesús hizo. Examinemos los siguientes pasajes que nos confirman que los creyentes debemos hacer hoy las mismas obras que él hizo entonces:

"...Como el Padre me envió a mí, así yo los envío a ustedes." (Juan 20:21).

"Ciertamente les aseguro que el que cree en mí las obras que yo hago también él las hará, y aun las hará mayores, porque yo vuelvo al Padre" (Juan 14:12).

"Estas señales acompañarán a los que crean: en mi nombre expulsarán demonios; hablarán en nuevas lenguas...pondrán las manos sobre los enfermos, y éstos recobrarán la salud" (Marcos 16:17-18b).

En estos días veremos que la manifestación del poder de

Dios aumenta en la tierra. Al igual que sucedió con Jesús, el grupo de aquellos que realizan sus obras milagrosas aumentará. Las visiones se acrecentarán. Las apariciones angelicales aumentarán.

Dios a menudo llama a aquellos que están en la segunda mitad de su vida para manifestar su poder, involucrarlos en apariciones angelicales, e influenciar grandemente a su generación. Moisés estaba bien pasado de los 50 años cuando conoció a Dios en la zarza ardiente y realizó señales y milagros delante del faraón. Noé no era un joven cuando terminó el arca. Zacarías estaba muy entrado en años cuando recibió una aparición angelical que le reveló que su esposa Elisabet, que ya también estaba entrada en años, daría a luz a Juan el Bautista. Pablo llevó a cabo la mayor parte de su apostolado de designación divina en la segunda mitad de su vida.

Hoy, aquellos que están en la segunda mitad de la vida y que están abiertos a un mover fresco del Espíritu, son usados de manera poderosa para moverse en las dimensiones sobrenaturales del Reino de Dios. El Espíritu de Dios se está derramando de nuevo y están ocurriendo cosas gloriosas. Muchos están participando de apariciones angelicales. Se experimentan visiones abiertas, trances y el reino celestial. Otras señales que también se están evidenciando son milagros de sanidad, liberación de fortalezas demoníacas y la resurrección de los muertos. ¡Qué momento tan glorioso! Tal y como aparece en la Biblia, y a todos se nos invita a participar.

No permita que su espiritualidad se vuelva rancia. Busque al Señor para recibir el viento fresco de su Espíritu. Abra su corazón a una revelación fresca. Los caminos de Dios van mucho más allá de lo que podemos descubrir en toda una vida. Él le capacitará con un toque fresco de su presencia si usted lo desea. Independientemente de su edad, Él le necesita y quiere revelarle más de sí mismo. Recuerde que sus caminos son impenetrables. Siempre hay cosas frescas con relación a Él y a su reino que anhela revelarle a aquellos que tengan hambre.

En nuestras conferencias hemos sido tan bendecidos por el Señor. Hemos visto señales, milagros y prodigios espectaculares. La Biblia está llena de estas demostraciones asombrosas de su gloria, entonces, ¿por qué no verlas en nuestras vidas y en la Iglesia en estos tiempos?

Me encantan las experiencias espirituales. El reino de lo sobrenatural es emocionante, ¡fuimos creados para ello!

Encuentros personales en las misiones

Todo el mundo ha sido comisionado a llevar el amor de Dios y su verdad al mundo que les rodea. Así como una laguna se queda estancada si no tiene adonde fluir, también nuestras vidas se estancan cuando no tratamos de llegar a otros para servirles y bendecirles.

Cada día usted puede buscar maneras de bendecir a otros. Esto enriquecerá su vida tremendamente. Invite al Señor a que le muestre cómo puede servir a otros. Algunas veces es muy sencillo.

Cuando mis hijos eran pequeños yo estaba confinada en casa la mayoría de las tardes mientras ellos dormían. Le pedí al Señor que me diera ideas de cómo bendecir a otros. A veces él ponía en mi corazón el escribir una nota de aliento o llamar a alguien que yo sabía que se sentía solo. En una ocasión le llevé un ramo de flores a una vecina. En otras compartía cosas que yo horneaba o invitaba a personas para cenar. Eran cosas sencillas y no obstante significativas para quienes las recibían. Se siente tan bien bendecir a otros y eso enriquece nuestras vidas tremendamente.

La segunda mitad de la vida le ofrece muchas oportunidades de este tipo. Yo conocí a alguien que comenzó a servir de voluntario en un hogar de ancianos luego de retirarse de su empleo secular. Otra persona servía como voluntaria en las clínicas de donación de sangre de la Cruz Roja. Otros que están en la segunda mitad de su vida han viajado a países subdesarrollados para ayudar con las muchas necesidades que hay en los orfanatos o misiones para los pobres. Aún otros se unen a grupos de alcance local a través de sus iglesias. Es muy gratificante hacer que su vida sea una bendición para otros.

En nuestra cultura occidental tenemos tanto. Es un privilegio dar a otros que no son tan bendecidos. Que nuestros ojos se abran a las necesidades para que podamos marcar una diferencia en las vidas de otros.

CAPÍTULO TRES

Sueñe en grande: la importancia de soñar

Cuando yo hablo de soñar en este capítulo no estoy hablando de los sueños que tenemos cuando dormimos en la noche. Estoy hablando de los sueños que yacen en las profundidades de nuestro corazón: nuestras aspiraciones y deseos. La segunda mitad de la vida es el momento más importante para soñar en grande y sin embargo, a menudo es cuando menos soñamos. A veces las personas piensan: "¿Por qué debería siquiera intentar soñar? Después de todo, estoy envejeciendo. El tiempo ha pasado". ¡Eso es una gran mentira! Nunca es demasiado tarde para soñar. De hecho, las Escrituras dicen: "…Vuestros jóvenes verán visiones, Y vuestros ancianos soñarán sueños" (Hechos 2:17). Nunca es demasiado tarde para despertar nuevos sueños. El aumento de las bendiciones en la vida siempre empieza por soñar. Soñar mantendrá su vida fresca y floreciente.

Mencioné antes que cuando cumplí 40 años me sentí desanimada porque ya había alcanzado las metas y deseos de mi vida. Mi esposo y yo tomamos tiempo en esa época para proponernos una visión y metas nuevas. Siempre hay más cosas disponibles que usted puede experimentar.

Algunos, en la segunda mitad de su vida, se sienten desanimados porque todavía no han logrado ningún sueño. A veces esto sucede porque no se han atrevido a soñar o pasar por el proceso de llevar a cabo dichos sueños. Es importante tener sueños y visiones bien definidos en usted y un plan de acción para realizarlos. Recuerde, ¡todo es posible!

¿Qué es un sueño?

Un *sueño* puede definirse como *aquello que se anhela, una visión o deseo, una aspiración.*

Tome tiempo para conectarse con los sueños, visiones y deseos de su corazón. No tenga temor de dejar que dichos sueños cobren vida en usted independientemente de cuán grandes le parezcan. Dios le creó con la capacidad de soñar e imaginar. Él le ayudará a alinear su visión con su voluntad si usted confía en él para esto mediante una fe sencilla. Es maravilloso saber que el Maestro de la visión creativa está presente para ayudarle.

Tome tiempo para escribir algunos deseos, pensamientos y aspiraciones para las diversas esferas de su vida. Recuerde soñar en grande. No se limite debido a cosas que parecen obstáculos, escriba sus sueños como si no fueran obstáculos en lo absoluto. Cuando termine, lea sus sueños otra vez y pregúntese: *"¿Esto es posible?"*. En la mayoría de los casos usted se dará cuenta de que está pensando: "Bueno, sí…creo que pudiera ser posible".

Atrévase a creer y descubrir que una nueva emoción se alza dentro de usted ante la posibilidad de que sus sueños se realicen. Usted fue creado para soñar. Necesita soñar.

Tratar con los sueños no cumplidos o destruidos

Algunas veces las personas que ya están en la segunda mitad de su vida sienten temor de dar el paso y soñar debido a los fracasos del pasado. No permita que el pasado le detenga. Recuerde que ahora usted es más sabio. Tiene mejor comprensión. No tenga miedo ni se limite debido a experiencias negativas anteriores en las que sus sueños y deseos se malograron. Usted ahora tiene una mejor perspectiva, es un nuevo comienzo. ¡Ármese de valor!

Use unos instantes para recordar sueños que quedaron aplastados o que no se realizaron. Anótelos para que queden bien definidos. Junto a cada uno escriba cómo le hizo sentir el fracaso de no lograr el sueño. ¿Se sintió enojado? ¿Herido? ¿Desilusionado? ¿Temeroso? ¿Se condenó a sí mismo? ¿Humillado? ¿Se hizo promesas a sí mismo como "¡nunca más volveré a soñar!"?

Aunque estas reacciones son muy comprensibles, pueden convertirse en obstáculos para vivir en las bendiciones ordenadas para usted si usted no trata con ellos de manera adecuada. Todo el mundo tiene desilusiones, algunas muy graves y penosas, *pero tenemos que seguir adelante o viviremos toda la vida con un alma amargada y temerosa que produce más desilusiones y dolor.*

El rey David abrió su corazón en el Salmo 131:1 (NVI): "… no busco grandezas desmedidas, ni proezas que excedan a mis fuerzas". Él le entregó cosas a Dios que le resultaban demasiado difíciles de comprender. A veces nunca sabremos la respuesta a las situaciones difíciles que hemos experimentado en la vida, pero no fuimos creados para vivir con la ansiedad, la ofensa y la amargura que vienen como resultado de llevarlo todo por dentro.

En medio de una agonía absoluta Job fue capaz de confiar en Dios incluso cuando no entendía. En medio de su desesperación él proclamó un sacrificio de alabanza: "¡Bendito sea el nombre del Señor!" (Véase Job 1:21.) Después de la prueba dura, Job llegó a tener una vida buena. Había sufrido mucho y perdido mucho pero no miró atrás. El resto de su vida fue enriquecido con abundancia y plenitud. Su final fue mejor que su comienzo, y el de usted también puede serlo.

A veces escribir una carta a Dios donde la abra su corazón y le exprese su dolor tiene un efecto curativo. Escriba sus verdaderos sentimientos en un papel. Esto los saca de los lugares escondidos de los bancos de su memoria emocional. Si decide escribir dicha carta, no se cohíba. Usted nunca la mandará por correo. Dios tiene hombros grandes y un gran corazón. Él le ama y quiere que usted sea libre. Muchas veces expresar el dolor y la angustia que han vivido en su corazón es como sacar el veneno de su sistema. Le ayuda a ver claramente lo que realmente ha estado escondido dentro de su corazón. Una vez que usted sepa con lo que está lidiando, la sanidad podrá comenzar. Usted tiene una meta clara.

Después de expresar en papel sus sentimientos sinceros, entonces repáselos e identifique cada problema. Comience por perdonarse a sí mismo y a cualquiera que pueda haber impedido que sus sueños se realicen. Recuerde que la falta de perdón es como veneno para su alma y le mantendrá confinado en una prisión emocional. Perdonar es importante. Es igualmente importante arrepentirse de cualquier juicio que usted puede haber hecho en contra de cualquiera que le haya herido. Cuando usted juzga a otra persona se está buscando que le juzguen en mayor medida. Es una ley espiritual. Cualquier cosa que demos a otros se nos devolverá a cambio: medida llena, apretada, sacudida y desbordante. Al realizar este ejercicio usted pudiera identificar algunas raíces de ira. La ira por lo general aparece como resultado de la injusticia. Identifique la injusticia y dirija su ira hacia la injusticia como tal, pero quítela de cualquier persona que haya estado involucrada.

A veces incluso juzgamos a Dios por nuestros fracasos. Aún cuando en ocasiones no entendemos por qué los sueños, deseos y oraciones quedan sin responder, Dios nunca puede ser juzgado. Él le ama mucho y entiende su desilusión, pero honestamente no fue culpa suya. Un día usted comprenderá por completo. Nunca tendrá necesidad de perdonar a Dios porque él nunca ha hecho nada malo, pero usted tendrá que arrepentirse de cualquier juicio que haya hecho en su contra. Nunca debemos ser jueces de Dios. Ese es un error grave, pero puede rectificarse mediante el arrepentimiento y al recibir su perdón.

Arrepentirse quiere decir "apartarse de". Si nos arrepentimos de la falta de perdón y el juicio entonces nos apartamos de esas mentalidades. Usted puede ocuparse de esto en primer lugar al tomar la decisión de cambiar sus pensamientos y, en segundo lugar, al entregar estas cosas en oración y dejar que el Señor se las quite. Una vez que estas cosas han sido entregadas al Señor entonces, incluso si los pensamientos y sentimientos de falta de perdón y juicio regresan, usted sencillamente renueva su compromiso y le recuerda a su mente y a sus emociones que ya tomó una decisión.

Una oración sencilla como la siguiente puede ayudarle en el proceso de arrepentimiento:

Amado Padre celestial:
   Confieso que he guardado falta de perdón y juicios en mi corazón contra mí mismo, contra otros

(mencione las personas a las que ha juzgado) y contra ti. Decido arrepentirme y apartarme de estos juicios y de toda falta de perdón que yo haya albergado en mi corazón. Decido perdonar a todo el que me ha herido y decido perdonarme a mí mismo. Gracias, Padre, por perdonarme y lavarme de mis errores. Yo oro en el nombre de Jesús, amén.

Inventario de la situación

Hace algunos años un amigo estuvo involucrado en una estafa de inversiones. De buena fe él había invertido los ahorros de su vida, hipotecó su casa y cobró sus pólizas de seguro para entrar en una inversión que prometía rendimientos exagerados. Ya que él confiaba en la persona que le invitó a invertir, todo parecía emocionante. Conocía a otros que habían invertido y, como resultado de que les había ido bien, habían traspasado los rendimientos y volvieron a invertir.

En papel parecía que cada inversionista estaba logrando rendimientos enormes. Sin embargo, al finalizar una temporada de dos años, todos (incluyendo a mi amigo) los que tenían dinero en el sistema, perdieron todo lo invertido. La situación era una estafa que dio lugar a muchas demandas judiciales y muchas pérdidas. Mi amigo había trabajado duro para obtener lo que tenía en la vida antes de esta inversión y ahora todo estaba perdido. Perdió su casa, su reputación estaba manchada y todos sus valores desaparecieron de un día para otro. La depresión lo golpeó fuertemente.

Ahora bien, esta es una situación muy difícil y cualquiera pudiera estar amargado por la misma. No puedo imaginar la agonía de una situación así. ¿Qué hace uno en un momento así?

Uno aprende las lecciones que necesita aprender mediante las tragedias y al empezar todo de nuevo. La vida está llena de placer y bondad, cada día le saludará con nuevas oportunidades. Su actitud y perspectiva son muy importante en un momento así; recuerde, todas las cosas pueden obrar para bien. Si usted se oculta dentro del remordimiento y el dolor, se quedará en ese hoyo, o puede levantarse y disfrutar el resto de su vida.

Sacúdase el polvo y siga adelante. Contemple la situación y saque la sabiduría que aprendió de los errores. Por hacerlo, al final será una persona más rica. No malgaste sus penas, convierta el lugar de la desolación en un campo fértil. Haga un inventario de la situación. Vuelva a tratarla y vea dónde se cometieron los errores. No deje piedra sin mover. Los tesoros de sabiduría y discernimiento que pueden sacarse de momentos así no tienen precio, tienen un valor mucho mayor que la sustancia natural. A medida que realice este inventario personal, humíllese y arrepiéntase de los errores que haya cometido. Pídale al Señor que le perdone y le limpie de los efectos negativos del mismo. Si usted cometió errores que hirieron a personas, no los cubra sino vaya y humíllese. Arregle las cosas hasta donde pueda. Entonces estará listo para seguir adelante. Nunca es demasiado tarde para empezar de nuevo. Se necesita valor, pero en Cristo usted puede encontrar valor. Pídale al Señor que le llene con una visión y entusiasmo frescos. ¡Él lo hará!

Persiga, alcance y rescate todo

El rey David llegó a Siclag y encontró que había sido atacada fuertemente por los amalecitas y se había perdido absolutamente todo. Todos los hombres, mujeres, niños, animales, oro y plata, todo, se había perdido y la ciudad fue quemada. En su angustia David buscó al Señor para saber qué debía hacer ante una pérdida semejante. El Señor respondió: "*Persíguelos*...Vas a *alcanzarlos*, y *rescatarás* a los cautivos. (1 Samuel 30:8b NVI, cursivas de la autora).

David lo hizo. Su reino avanzó y aumentó luego de este desastre. Si él hubiera ido con angustia y retraído, entonces quizá sus últimos días no hubieran sido tan enriquecidos y fructíferos como lo fueron. Él se negó a dejar que la pérdida le limitara para seguir adelante. La apariencia de derrota cuando David llegó a Siclag fue justo antes de su mayor avance y promoción. Si usted se encuentra en un punto de su vida ahora mismo en el que parece que todo a su alrededor está destruido, pudiera ser muy bien que su momento de mayor promoción esté solo a la vuelta de la esquina.

David no se apresuró a sacar conclusiones con relación a su plan de acción cuando tomó consciencia de la pérdida sino que en cambio "David consultó al Señor..." (1 Samuel 30:8a). Es importante esperar en el Señor hasta que usted escuche claramente cómo debe proceder. En medio de la crisis es fácil reaccionar en lugar de esperar por la sabiduría del Señor. A menudo las reacciones impulsivas producirán más fracaso.

Esto es lo que sucede con los jugadores de apuestas. Ganarán unas pocas veces y luego caerán de una pérdida en otra. Ellos piensan: "La próxima vuelta me dará lo suficiente como para recuperarlo todo". Nosotros sabemos que los bancos de los casinos a la larga lo recuperan todo. La reacción ante la pérdida hace que el jugador juegue una vez más. Entonces la pérdida controla al jugador. La raíz de la reacción del jugador fue el temor a la pérdida, así que por el pánico él (o ella) espera volver a recuperarlo todo al tomar decisiones impulsivas.

David no reaccionó ante la devastación con una respuesta

que viniera de su corazón sino que consultó al Señor y recibió órdenes de marchar para recuperarlo todo. Es importante esperar para tener claridad. Encuentre ese lugar de paz y descanse en la presencia de Dios y espere a que Él le diga la palabra segura del rumbo a seguir. En este libro no tratamos el tema de "Escuchar la voz de Dios", pero es una enseñanza importante que se encuentra en el curso que titulé "The Prophetic Boot Camp" [El campo de entrenamiento profético], disponible en CD.

Romper los votos internos

Es importante romper el poder de cualquier voto interno que usted pueda haber hecho como resultado de sueños no realizados o rotos. Los votos internos son resoluciones o decisiones que se toman en nuestros corazones. Si se hace como resultado del dolor, se convierten en pistas de aterrizaje para que más dolor entre todavía en nuestras vidas. Se convierten en maldiciones infligidas por uno mismo.

Conocí a una persona que salió muy herida de una relación romántica cuando tenía unos 18 años. Su corazón estaba hecho pedazos. Cuando la relación se terminó ella juró: "¡Nunca más le daré mi corazón a un hombre!". Esto se convirtió en un voto interno. Al hacer este voto ella, sin saberlo, se maldijo a sí misma con la soltería a pesar de que en realidad sí deseaba una relación íntima. Cuando tenía algo más de 35 años anhelaba casarse, sin embargo, durante casi veinte años nadie del sexo opuesto se había fijado en ella. Un día, cuando oraba por la situación, recordó el voto que había hecho. Le pidió al Señor que la perdonara y ese día renunció a ese voto. En menos de un año ya se había casado. No es difícil romper un voto interno. Usted sencillamente le pide al Señor que le perdone por haberlo hecho y luego renuncia al mismo en el nombre de Jesús. Cuando usted rompe un voto interno, se separa del mismo de forma oficial. Esto se logra al declarar que por fe el voto queda roto. A veces es útil anotar la ruptura del voto en un diario. Póngale fecha a la anotación y considérela oficial. Entonces usted tiene un punto de referencia para más adelante en caso de que los pensamientos negativos traten de acosarle.

Romper maldiciones de palabras

Como señalamos antes, las palabras que decimos marcan un rumbo en nuestra vida. La vida y la muerte están en el poder de la lengua. En el diccionario de la Real Academia Española uno de los significados de *maldición* es: "Imprecación que se dirige contra alguien o contra algo, manifestando enojo y aversión hacia él o hacia ello, y muy particularmente deseo de que le venga algún daño". Santiago escribe en Santiago 3: 9-10 que con nuestras palabras podemos maldecir a las personas. Realmente usted puede producir gran daño o infortunio en su vida y en las vidas de otros al pronunciar palabras negativas. Tenemos el poder de bendecir o maldecir con nuestras palabras.

La Biblia tiene la última palabra y la palabra de verdad acerca de usted. Dios no le ha llamado a vivir una vida de maldición sino de bendición. Si usted ha vivido una vida de contratiempos, heridas, accidentes, infortunios y daños constantes, entonces es posible que esté viviendo bajo una maldición. ¡Lo bueno es que las maldiciones pueden romperse!

A veces nos maldecimos a nosotros mismos con palabras. Cada vez que usted declara: "No soy bueno; nunca nada me resulta; soy gorda como mi abuela, es algo de familia; nunca tendré dinero suficiente; estoy harto; etc.", en realidad está poniendo una maldición sobre sí mismo. Las palabras que usted dice adquieren forma y sustancia y tienen la capacidad de hacer que sucedan.

¡Ay! Aquí tenemos una mala cosecha de seguro. Muchas personas se han maldecido a sí mismas durante años sin saberlo y se preguntan luego por qué todo sale mal. Estas maldiciones pueden romperse. Pídale al Señor que le perdone por maldecirse a sí mismo y a otros. Invítelo a limpiar su corazón y su vida con su sangre purificadora. Él lo hará cuando usted se lo pida. Entonces comience a proclamar bendición tras bendición. ¡Recupere el tiempo perdido! También bendiga a otros y las bendiciones regresarán a usted.

El Señor me ha enseñado no solo a *recibir* bendiciones en mi vida. Si algo no parece una bendición debe convertirse en bendición. Jesús nos ha dado el poder sobre todas las bendiciones (ver Lucas 10:19). Usted ha sido llamado a bendición y no a maldición. Ponga una estaca en el terreno de su vida con esa verdad y resuelva hoy el asunto: no más maldiciones, ¡solo bendiciones! Mientras más usted proclame bendición sobre sí mismo y los demás, más bendiciones se manifestarán en su vida. Es como sembrar una semilla en un jardín. Cualquier semilla que usted siembre le dará una cosecha. Usted quiere que sea una cosecha de bendición.

Las promesas en la Palabra de Dios son la mayor fuente de bendición que existe. Yo me he creado el hábito de proclamar cada día decretos con esas promesas cada día sobre mi vida, mi familia, mi equipo de ministerio y mis compañeros. Esto nos prepara a aquellos que amo y a mí para recibir bendición. También proclamo decretos sobre los ministerios y negocios que Dios me ha confiado.

¡Funciona! La Palabra no regresa vacía.

Los decretos que aparecen en el Apéndice B de este libro son parte de lo que yo proclamo cada día. También tenemos CD con decretos tanto para adultos como para niños. Yo creo fuertemente en proclamar la bendición. La Palabra no regresa vacía sino que lo logra aquello para lo que fue enviada.

Hemos hablado de las maldiciones que nos infligimos a nosotros mismos con las palabras, pero otros también pueden proclamar maldiciones sobre nosotros. A veces las personas son maldecidas por sus padres o maestros de la escuela en su niñez. He escuchado a las personas testificar que sus padres les dijeron que eran tontos y que no llegarían a nada. Estas personas lo creyeron y vivieron bajo la maldición hasta bien entrados en su vida adulta. Es posible que amigos, familiares, líderes, enemigos y compañeros le maldigan sin tener la intención de hacerlo. Es mediante las palabras negativas que ellos declaran sobre usted. Sería glorioso si cada persona solo hablara bien de otras, pero lamentablemente, todavía no es así en el planeta Tierra. Como resultado, hay mucha maldición en el ambiente.

Yo declaro a diario: "No prevalecerá ninguna arma que se forje contra ti. En el nombre de Jesús hago callar cada voz que se levante para acusarme" (véase Isaías 54:17). Perdone a aquellos que hablen mal de usted y luego proclame bendiciones sobre su vida. Así como la luz vence a las tinieblas, la bendición vence a la maldición. Bendígase a sí mismo cada día, eso mantendrá alejadas las maldiciones.

Construir un altar de rememoración

Cuando usted haya roto maldiciones, perdonado a todo el que le ha hecho daño (incluso usted mismo), se haya arrepentido de cualquier juicio que haya hecho y renunciado a sus votos internos, entonces puede poner sus sueños rotos, hechos pedazos y no realizados delante del Señor. Entréguele sus sueños rotos a él en una oración sencilla. Esto se convierte en un altar.

Un altar es un lugar de rememoración o un memorial. Es un lugar de ofrenda y sacrificio. Ahora mismo usted puede decidir entregar a Dios todos los fracasos y decepciones que haya tenido. Así es. Puede poner sus decepciones y su dolor delante de él como un sacrificio, una ofrenda. Déselo todo a él. Él es mayor que todo lo que ha sucedido.

Él es mayor que lo que usted está enfrentando ahora y puede ayudarle si le rinde sus decepciones.

A veces las personas piensan que un altar tiene que estar en un lugar especial como una iglesia o que está hecho de materiales como piedra o una madera especial. Sin embargo, el altar del que estamos hablando está en el lugar especial del corazón. Está hecho de un espíritu quebrantado y contrito que le rinde a él todos los fracasos del pasado y los sueños quebrantados.

Si lo desea puede hacer un altar ahora mismo al escribirle a Dios una carta de entrega. Entréguele todos sus sueños fracasados. Enumereselos. Ríndalos a Él. Él está con usted y recibirá su sacrificio como un regalo. El ejemplo siguiente pudiera ayudarle:

Querido Dios:
Te rindo los siguientes desengaños, sueños rotos y fracasos (haga una lista):

1. _____

2. _____

3. _____

4. _____

5. _____

Te los doy como un sacrificio. Ahora son tuyos. Señor, por favor quita todo el dolor de mi corazón que he sufrido como consecuencia de estos desengaños. Perdóname por cualquier amargura u ofensa y ayúdame a confiar una vez más. Ayúdame a soñar otra vez.

Amén.

Ahora esto es un altar de rememoración. Probablemente quiera ponerle fecha. Cada vez que sienta la desilusión tocando a la puerta de sus emociones, recuerde este altar. Recuerde que se lo entregó todo a Dios. Para usted se convierte en una estaca en el terreno. ¡Es hora de seguir adelante!

Sea específico en cuanto a sus sueños

La Biblia dice que "Donde no hay visión, el pueblo se extravía" (Proverbios 29:18, NVI). Lo más probable es que una visión y pensamiento frescos sobre las posibilidades de la vida le llenen de expectación.

Es importante no solo tener un sueño sino determinar los detalles de su sueño. Por ejemplo, digamos que usted desea comprar una casa. Eso es una buena visión, pero usted debiera hacerse preguntas como estas: "¿Qué tipo de casa quiero? ¿Cuán grande quiero que sea? ¿Dónde debe estar ubicada? ¿Es un lote en la ciudad, por número de acres o en un edificio de apartamentos? ¿Cuál es el rango de precios? ¿Qué tipo de actividades se realizarán allí?". Mientras más específico usted sea con la visión, más tangible será su sueño en su corazón.

Recuerdo años atrás cuando mi esposo y yo nos lanzamos a un ministerio de predicación a tiempo completo y ya no teníamos un salario mensual constante. En aquella época realmente necesitábamos un auto para ir y venir de las reuniones. Una noche yo oré con desesperación: "Señor, te pido un auto pequeño, que ahorre gasolina". Al día siguiente mientras estaba en mi oficina el teléfono sonó. El caballero del otro lado de la línea me preguntó si yo necesitaba un auto. Él no sabía nada de mi situación ni de mi oración. Yo le respondí emocionada: "Sí, necesitamos un auto". Él entonces me explicó que estaba en su tiempo a solas con Dios esa mañana y sintió que debía llamarse y ofrecernos un auto pequeño que ya él no estaba usando. ¡Yo estaba eufórica! Le pregunté si ahorraba gasolina y me dijo que sí.

Ese fin de semana mi esposo y yo fuimos a recoger el auto. Sin dudas era pequeño y ahorraba mucha gasolina pero era un montón de chatarra y no funcionaba muy bien. Aprendimos muchas lecciones a través de ese vehículo pero una muy clara fue que teníamos que ser bien específicos con nuestros deseos y oraciones.

Anote sus sueños para que pueda meditar en ellos. Esto producirá más definición y claridad. Los pensamientos nebulosos acerca de lo que le gustaría experimentar en la vida no proporcionarán una pista de aterrizaje para la realización. Es importante que sus sueños estén claramente definidos. Escribirlos le ayudará en este proceso. En muchos estudios y encuestas se ha descubierto que las personas muy exitosas tienen visiones claramente definidas que están escritas. Cuando usted tiene una visión clara, entonces puede ponerse metas y establecer un plan de acción para que sus sueños se cumplan.

Después de que sus sueños estén claramente definidos y anotados, debe revisarlos para asegurarse de que sean saludables. Recuerde, usted fue creado por Dios para tener una vida llena de bendiciones y por lo tanto, Él quiere que usted tenga una buena visión que los beneficie a usted y a otros. Sus sueños no deben quebrantar:

EL AMOR

LA PUREZA

LA HUMILDAD

LA HONESTIDAD

LA SABIDURÍA

LA INTEGRIDAD

LOS VALORES Y EL CARÁCTER SANTO

Si usted no está acostumbrado a creer que los sueños de su corazón llegarán a ser realidad, quizá pueda probar hacerlo con un deseo a la vez. Es sabio comenzar con deseos que usted tiene fe en que se lograrán y que no tomarán mucho tiempo para cumplirse.

Por ejemplo, pudiera ser que su sueño sea ser una gran mamá y criar hijos que sean de valor para la sociedad…y sí, incluso después de los 40 o incluso los 50 estos sueños pueden lograrse. ¡Todo es posible! Es muy bueno tener ese deseo, pero probablemente le tome varios años para ver el cumplimiento. También es muy general. Cuando usted apenas está comenzado a llevar a cabo sus sueños, quizá pueda intentar con algo más específico que tomará menos tiempo para realizarse. De todas maneras puede seguir adelante con la visión a largo plazo, pero también tiene sueños a corto plazo que pueden realizarse. De esa manera sus niveles de fe y de ánimo seguirán creciendo. Trate de escoger algo tangible que puede lograrse en un período de tiempo más corto. La emoción de ver un sueño realizado producirá la fe para el siguiente y el próximo.

Recuerdo una época en la que yo deseaba muebles

nuevos para mi sala de estar. Revisé tiendas y catálogos y encontré el tipo de muebles que estaba buscando. La visión era clara, específica y algo que podía realizarse en un período corto de tiempo (si me ocurría un milagro… ¡sonría!). Escribí la visión de los muebles y hasta le adjunté fotos de los muebles.

Decidí regalar los muebles que teníamos a alguien que los necesitaba. Se acababan de mudar a la ciudad y no tenían nada para amueblar el apartamento que habían alquilado. Una vez que les regalamos los muebles nos quedamos con una sala de estar vacía. No obstante, en mi mente, yo podía ver los muebles nuevos. Me paraba en aquella sala vacía y me imaginaba los muebles nuevos. Hasta escribí notas breves que decían: sofá, sofá de dos plazas, butacón, mesa de centro, mesa de esquina, etc., y puse los papeles en los lugares donde estarían los muebles una vez que mi sueño se realizara.

Cuando la gente venía a visitarme los invitaba a mi sala de estar y les preguntaba: "¿Qué les parecen mis muebles nuevos?" Me miraban con ojos inquisitivos hasta que yo les daba una gira por la sala de estar y les describía los muebles "nuevos". Todavía no se había materializado. Era solo un sueño… ¡pero al menos era un sueño!

En menos de un mes los muebles reales, tangibles, estaban en los lugares donde las notitas y las fotos habían estado. Dieciocho meses después hicimos lo mismo otra vez. Regalamos nuestros muebles y nos sentamos en "muebles invisibles de sueños" durante un par de meses hasta que lo tangible se manifestó. Soñar y aclarar sus deseos es la clave para vivir la vida buena.

Romper el ciclo de sueños fracasados

En los deportes es muy importante que un equipo no pierda muchas veces seguidas. Después de la tercera derrota, el espíritu del equipo se afecta y las estadísticas demuestran que durante el resto de la temporada viene un patrón de derrota. Según el mismo principio se ha descubierto que si un equipo gana tres veces seguidas, establecen un patrón de victoria.

Como hablamos antes en este capítulo, muchas personas no experimentan realización en la vida porque han tenido un sueño fracasado tras otro. Ahora viven un patrón de derrota y desilusión. Es importante cambiar el patrón. Si usted comienza con un deseo y está convencido de que el mismo será logrado, es muy probable que su éxito esté asegurado. Rompa el ciclo de la derrota y construya un patrón de éxito con un sueño realizado cada vez. Una vez que tenga una buena racha, por sí solo cobrará ímpetu. Es importante llegar a este lugar. ¡Usted puede hacerlo!

Usted puede cambiar el curso de su vida al soñar y ver esos deseos cumplidos. Cuando los sueños más pequeños se cumplan, entonces los más grandes saldrán fácilmente. De hecho, ya ni siquiera parecerán grandes.

Pruebe soñar ahora

Como respuesta, ¿por qué no intenta sentarse y soñar un poco? Busque un lugar tranquilo y relájese. Dígale a cada pensamiento ansioso que guarde silencio. Piense en cosas positivas, buenas y agradables. Invite al Señor a llenarle con su bondad y creatividad. Pídale que le muestre su potencial. Eso es todo. Solo relájese y disfrute la gloria de las posibilidades. Esta manera de pensar es saludable y le refrescará.

Ahora escoja un deseo que le gustaría ver realizado en breve. Escoja algo que usted crea que pueda lograr durante los próximos tres meses. Escoja algo práctico y tangible para su primer proyecto. Recuerde que cada sueño realizado preparará el camino para el siguiente.

Escriba su sueño en una libreta o diario con tantos detalles específicos como pueda. Cuando usted tenga un sueño claro y bien definido estará listo para el próximo paso.

CAPÍTULO CUATRO

En pos de la satisfacción

Si usted va a cumplir con las visiones de su corazón, entonces es importante establecer algunas metas claras. Las metas le permitirán darle vida a su visión. Hasta que no se establezcan las metas, su visión es solo una visión. Su sueño es solo un sueño. Las metas llevarán su sueño de un éxtasis nebuloso a una aplicación práctica. Las metas le proporcionarán una plataforma de lanzamiento para el plan de acción y su plan de acción le permitirá a su visión convertirse en realidad.

Dele un vistazo al sueño que usted escogió en la última lección y considérelo cuidadosamente. ¿Qué metas quiere lograr usted a través de su visión? Por ejemplo, si su visión es comprarse una casa, es útil consolidar sus metas y objetivos para esa casa.

Durante años Ron, mi esposo, y yo viajábamos de nuestro hogar y oficina del ministerio en Canadá a una casa rodante en un parque turístico de Phoenix donde vivíamos durante los meses invernales. Como oradora itinerante de conferencias que viaja la mayor parte del tiempo por aire, realmente no importaba mucho de dónde saliera. Nosotros disfrutábamos la pequeña casa rodante de una habitación en Phoenix, pero con el tiempo establecimos un equipo de ministerio allí y añadimos un trabajo completo para realizar las tareas que cada vez aumentaban más. De repente estábamos tan carentes de espacio y tan necesitados de un lugar más grande tanto para nuestras vidas como para la oficina del ministerio.

Comenzamos a soñar. Yo decidí soñar en grande. Imaginaba una casa grande con habitaciones para invitados, una oficina personal, piscina y una bañera de hidromasaje. El sueño creció en nuestros corazones y nos establecimos algunas metas:

1. Comprar una casa nueva con todo lo que veíamos en nuestro sueño.
2. Usar la casa para facilitar el ministerio y la hospitalidad para nuestro equipo y otras personas. Celebrar en nuestra casa reuniones con nuestro equipo y con invitados, familiares y amigos.
3. Usar la casa para una pequeña oficina de producción y del ministerio.
4. Asegurar para nuestro equipo y ministerio crecientes algún espacio comercial para oficinas cerca de la casa.
5. Usar la casa para estudios bíblicos y un programa de pasantía que estábamos iniciando.
6. Mejorar la casa para aumentar la calidad y la inversión a largo plazo de la misma.

Ahora sabíamos cuáles eran nuestras metas. Estábamos listos

para un plan de acción que lo llevara todo a cabo. Iniciamos el plan de acción en base a las metas y en menos de nueve meses, con un poco de fe y milagros, cada meta fue lograda. Ahora vivimos en la misma casa que soñamos.

Como líder de un ministerio es mi responsabilidad no solo recibir visión y dirección de parte del Señor sino establecer metas para llevarlas a cabo. Hace poco nuestro ministerio recibió la visión de cuidar de los huérfanos en África. Teníamos el sueño, pero necesitábamos algunas metas para darle vida a la visión. Sin metas, su visión nunca será más que una visión.

Una pregunta que debemos hacernos es: "¿Qué se espera lograr?". Con los huérfanos definimos las metas claramente:

1. Al comienzo establecimos una meta de ocuparnos de dos hogares para huérfanos en Mozambique. Esto incluía comida, refugio, ropa, necesidades sanitarias, educación y atención para un grupo de 40 a 80 niños.

2. Nos pusimos la meta de trabajar a través de un ministerio cristiano existente con el que teníamos relaciones. Recaudaríamos los fondos y ellos harían el trabajo directamente en el lugar.

3. Nos pusimos la meta de recaudar $3,000 dólares cada mes durante los primeros seis meses y luego otros $3,000 al mes después de eso (eso nos daría un total de cuatro hogares luego de los seis meses).

4. Nuestra meta era crecer en compasión por los pobres.

5. Nuestra meta incluía difundir la visión a otros que también pudieran interesarse en los huérfanos.

6. Nuestra meta implicaba crear una infraestructura de

contabilidad que pudiera facilitar el sostenimiento de muchos huérfanos y la construcción de los hogares para los niños.

7. Nuestra menta incluía organizar a los miembros de nuestro equipo que visitarían y servirían a los huérfanos y en los hogares una vez que estuviéramos establecidos.

Una vez que las metas estuvieron establecidas, estábamos listos para lanzar un plan de acción para lograr las metas que llevarían a cabo la visión. Escribí las metas y las comuniqué a nuestro equipo junto con la visión. Nuestro equipo captó la visión, estuvo de acuerdo con las metas y nuestra jornada comenzó. Ahora sostenemos a muchos huérfanos y muchos hogares.

En el capítulo anterior usted definió un sueño específico de su corazón. Ahora anote las metas específicas de su visión. ¿Qué espera lograr a través de su visión? ¿Qué cosas específicas necesita para lograrlo?

El plan de acción

Sus sueños nunca se cumplirán sin que se implementen ciertas cuestiones prácticas específicas. Una vez que sus metas estén bien definidas y usted conozca el propósito de su visión, entonces se necesita un plan de acción. Las metas son lo que da vida a la visión; el plan de acción hace que esa vida eche a andar. En la sección anterior hablé de nuestro sueño personal de tener una casa más grande y las metas de este proyecto. Además de definir tanto el sueño como las metas, se necesitaba un plan de acción. ¿Qué cosas había que lograr para ver la meta realizada?

A veces es bueno hacerse preguntas para determinar su

plan de acción. Nosotros hicimos preguntas como:

1. ¿Necesitamos a alguien que nos ayude a encontrar la casa? ¿A quién?
2. ¿Dónde queremos vivir? ¿En qué comunidad? ¿En qué reparto?
3. ¿Qué tiempo estamos considerando?
4. ¿Qué tipo de financiamiento necesitamos y cómo lo garantizamos?
5. Entonces establecimos algunas cuestiones prácticas. Yo le llamo una Lista de cosas por hacer:

   A. En marzo 3 y 4 buscaremos del Señor en cuanto a la zona de Phoenix donde debemos comprar.
   B. El 5 de marzo haremos una cita con un agente de bienes raíces (nuestra amiga Sally) para hablar de nuestro deseo de comprar una casa nueva. Le daríamos los detalles y le pediríamos que nos mostrara algunas opciones que ya estaban a la venta.
   C. El 6 de marzo haríamos una cita con un especialista en préstamos para ver cuál era el tipo de financiamiento para el que calificábamos.
   D. Del 7 al 9 de marzo veríamos las opciones con la agente de bienes raíces.
   E. Antes del 10 de marzo tomaríamos una decisión y firmaríamos el contrato para construir una casa entre 7 a 9 meses.

Al orar y buscar la sabiduría del Señor, Él dirigió nuestros corazones a buscar una casa en la nueva comunidad de Maricopa, Arizona. Esta ciudad está a menos de media hora del aeropuerto de Phoenix y a solo 20 minutos de una gran zona comercial en Chandler. Hubo muchas razones que él nos dio para trasladarnos a Maricopa, pero una de las cosas indudables tenía que ver con el lugar que Él deseaba para que estableciéramos el centro de nuestro ministerio. *Maricopa* significa "gente atraída por el agua". Para nosotros en eso había un significado profético. Además, Maricopa era una comunidad nueva de rápido crecimiento. Justo 18 meses antes solo 2,000 personas vivían en Maricopa. En el momento en que estábamos buscando nuestra casa, había casi 20,000, y estaba creciendo a razón de 1,500 casas por mes. Este era un lugar significativo para establecer el centro del ministerio, justo en los cimientos de una comunidad creciente.

Ahora que ya sabíamos el lugar, contactamos a nuestra agente de bienes raíces, quien nos había animado a trasladarnos a Maricopa, desde el punto de vista de la inversión. Planificamos una cita y ella nos llevó a ver algunas opciones. Nos enamoramos de una de las casas modelos y nos dimos cuenta de que cumplía con todas las metas que teníamos para dar el paso. Después de revisar nuestras calificaciones financieras y de establecer un plan de acción para recaudar el depósito, procedimos a comprar la casa.

Nuestro deseo era mudarnos antes de octubre, pero no fue hasta fines de diciembre que nos entregaron las llaves. A veces el cronograma no va como uno espera, pero es mejor tener una meta de tiempo que no tener meta ninguna. Incluso si hay atraso en el cumplimiento de su meta, al menos esta se cumple. Si usted carece de una meta y de un plan de acción adecuado, nada sucederá y años después usted volverá a pensar en su buena idea y dirá: "Debimos haber seguido aquella visión cuando la tuvimos. Lo pensamos pero no actuamos consecuentemente". ¿Y sabe qué? Probablemente usted estará en la misma posición donde estaba años antes. Es casi seguro que no haya progresado.

Para llevar a cabo un sueño se necesita un sueño claro, algunas metas bien definidas y un plan de acción bien pensado en oración. Una vez que tenga su plan de acción, entonces por favor ¡actúe! No lo piense durante cinco años, *actúe*. Por lo general es mejor actuar enseguida que demorarse en hacerlo. Sus buenos pensamientos e intenciones no llevarán a cabo sus sueños. Se necesita actuar.

Yo creo que *cualquier cosa que usted sueñe vívidamente con Dios, lo desee apasionadamente y actúe de acuerdo a una fe ferviente, de seguro sucederá.*

Tome algún tiempo para considerar en oración el plan de acción para lograr sus metas. Escríbalo. Ponga una marca de comprobación al lado de cada uno a medida que los lleve a cabo.

El factor éxito

He observado que a algunas personas les gusta lanzarse a un sueño grande antes de aprender a lograr los más pequeños. En la mayoría de los casos esto no funciona. Usted necesita edificar el *factor éxito* en su vida mediante el logro de una visión y un nivel a la vez. Su fidelidad en la mayordomía y el éxito de las visiones pequeñas le llevará al próximo nivel y luego su fidelidad y éxito en ese nivel le llevarán al próximo nivel, y así sucesivamente.

Yo siempre me doy cuenta cuando tengo el desafío de pasar a otro nivel. Se llega a cada nivel con desafíos que necesitan vencerse. La persistencia es necesaria. En cada nivel nuevo usted encontrará, por lo general, pruebas de fe así como pruebas de amor que hay que pasar para alcanzar el factor éxito en ese nivel. El cumplimiento de los sueños más grandes se producirá mediante su fidelidad y su productividad en los más pequeños.

Es por eso que es bueno tener metas a corto y largo plazo. Es saludable soñar en grande. Es importante hacerlo. Pero asegúrese de tener metas a corto plazo en el camino.

A medida que venza cada desafío con fe, persistencia y amor, obtendrá indicadores más fuertes de productividad y logros. Estos indicadores mayores de logros le servirán al llegar al próximo nivel. Esto es lo que yo denomino el *factor éxito*.

Por ejemplo, su sueño grande pudiera ser convertirse en neurocirujano. Esa es una visión fantástica (sí, incluso si usted tiene 50 años, ¿por qué no?). Sin embargo, es importante vivir los sueños más pequeños de camino al sueño mayor. Usted no se aparece así como así en un salón de operaciones para comenzar a hacer neurocirugías. Si llegar a ser neurocirujano es su sueño, entonces comience por obtener las calificaciones académicas que le darán entrada a la universidad y a la facultad de medicina. Ese será su primer sueño y meta a lograr.

Defina la visión y anote las metas y su plan de acción. Luego actúe consecuentemente. Propóngase obtener un promedio excelente en su preparación académica inicial. Trabaje en función de eso hasta que lo logre. Venza los obstáculos y los períodos de exámenes en esa etapa. Cuando logre ese sueño, tendrá fe para pasar al próximo nivel. El factor éxito irá con usted. El próximo sueño pudiera ser poder entrar a una buena facultad de medicina.

Determine sus metas y un plan de acción de manera cuidadosa y en oración. Persevere hasta que logre cada uno. Cada visión lograda fortalecerá el factor éxito y le preparará para el siguiente.

A la larga, si usted sigue moviéndose hacia delante, se verá en ese salón de operaciones con el que soñó años antes. ¿Cómo llegó hasta allí? Un sueño cumplido a la vez.

Celebre siempre las pruebas de cada etapa. La paciencia y la perseverancia con las que usted camine durante esas pruebas son lo que fomenta el factor éxito en usted. Mientras mayores sean las pruebas, mayores serán las victorias.

No hay soluciones rápidas, tómese su tiempo

A veces las personas quieren recuperar las pérdidas rápidamente. Alguien que conozco personalmente experimentó a una edad temprana un éxito maravilloso en las inversiones de un día para otro. Sin embargo, no había pasado un año cuando hizo una inversión que produjo pérdidas inesperadas y significativas. De la noche a la mañana lo perdió todo. Había pedido dinero prestado a instituciones financieras y amigos. También había hipotecado su casa al máximo que permitía el valor de la propiedad para hacer una inversión en "una oportunidad única en la vida". Mediante este infortunio catastrófico entró a su vida un patrón dañino para producir la recuperación de pérdidas. Estaba decidido a recuperar la pérdida a favor de sus amigos que estaban devastados así como de sí mismo y su familia. Por consiguiente, pidió más dinero prestado con altas tasas de interés así como de conocidos que confiaban en él. Tomó el dinero prestado y lo invirtió en acciones riesgosas, de un porcentaje alto y rápido rendimiento. Las acciones tocaron fondo y una vez más lo perdió todo.

Si se hubiera tomado el tiempo para recuperarse lentamente luego de su primera pérdida, con el tiempo hubiera podido acumular su plusvalía otra vez. Una vez que usted establece un patrón para el éxito, incluso si al principio es pequeño, se convierte en su destino en la vida. Una vez que usted lo establece cuidadosamente con el tiempo, siempre podrá llevarlo de nuevo a ese nivel incluso si por el camino hubo alguna tragedia.

Lamentablemente el mismo principio parece funcionar con los fracasos. Si usted tiene un patrón de fracaso en su vida, entonces vivirá con ese patrón hasta que se rompa. Es mejor romperlo con una pequeña victoria a la vez. Edifique el factor éxito en su vida al lograr al menos un éxito cada día. Propóngase metas pequeñas a diario y luego alcánzelas. Celebre el éxito. Póngase metas nuevas para el día siguiente y alcánzelas. Mediante este patrón deliberado de andar exitosamente con metas cumplidas usted fomentará el factor éxito en su vida. Rara vez encontrará usted el éxito duradero mediante los triunfos rápidos, de la noche a la mañana.

El factor éxito, que es el patrón progresivo de la productividad a largo plazo, solo se garantiza al pasar pruebas en cada nivel. Cuando esa parte del proceso falta, no hay nada que pueda mantener el éxito a largo plazo. Está demostrado estadísticamente que las personas que ganan grandes sumas de dinero en las loterías, la mayoría de las veces regresan a los patrones anteriores rápidamente. Esto se debe al hecho de que no tienen el factor éxito integrado en ese nivel de ganancias. Regresan al último lugar donde pasaron sus pruebas.

Si usted ha tenido una vida de fracaso, está paralizado y sin llegar a ninguna parte, entonces salga de esa rutina. Deje atrás el fracaso y comience de nuevo. Si sigue haciendo las cosas que siempre ha hecho, continuará obteniendo los mismos resultados de siempre. Comience por lo básico. Comience con metas cotidianas sencillas que sean fáciles de alcanzar. Dios puede hacer todas las cosas nuevas. Entierre la humillación, el fracaso, y la vergüenza de los fracasos pasados en Su amor y gracia. De la muerte puede surgir la vida. Dios puede hacer todas las cosas nuevas si usted está dispuesto a comenzar otra vez. No trate de recuperarlo todo de un día para otro. A medida que envejecemos a veces ese pánico surge en nosotros y hace que tomemos decisiones desacertadas. Tómelo suave, todavía hay tiempo. Incluso si usted tiene 80 o 90 años, todavía hay tiempo para edificar el factor éxito en su vida. ¿Cuánto más si usted tiene 40 o 50 años?

Aprenda del pasado. Como mencioné en un capítulo anterior, identifique cuidadosa e intencionalmente las cosas que provocaron los fracasos y luego no vuelva otra vez al mismo patrón. A veces sus amigos y familiares pueden ver las cosas más claramente. Pídales su opinión y busque consejos maduros. Busque personas a quienes usted pueda rendirles cuentas de manera que no vuelva a hacer lo mismo.

Nunca es demasiado tarde para cambiar los patrones de fracaso y edificar el factor éxito en su vida. ¿Por qué no comenzar hoy?

CAPÍTULO CINCO

Fe

La segunda mitad de la vida está llena de oportunidades y potencial. No hay nada demasiado difícil para el Señor. ¡Todas las cosas son posibles si usted cree! Esto significa que ¡sus oportunidades para experimentar la plenitud son ilimitadas!

En lo personal yo he experimentado una travesía de fe desde 1976. Después de aceptar a Jesús como mi Salvador, yo leía la Biblia y descubría promesa tras promesa. Todas las promesas de la Palabra son para cada uno de sus hijos. Cuando era una joven cristiana leí en 1 Juan 5:14-15: "Y esta es la confianza que tenemos en él, que si pedimos alguna cosa conforme a su voluntad, él nos oye. Y si sabemos que él nos oye en cualquiera cosa que pidamos, sabemos que tenemos las peticiones que le hayamos hecho". También leía las palabras de Jesús en Marcos 11:24: "Por tanto, os digo que todo lo que pidiereis orando, creed que lo recibiréis, y os vendrá".

Yo me quedé totalmente sorprendida cuando descubrí

estas promesas. No solo había sido perdonada de todos mis pecados y había recibido una vida completamente nueva en Cristo sino que Él había prometido responder a todas mis oraciones. Yo sencillamente necesitaba alinear mis deseos con los suyos. ¡Tremendo! Puse esas promesas en práctica de inmediato con fe como la de un niño.

Rápidamente descubrí que el Señor quería estar involucrado de manera íntima en todo lo que era importante para mí. Oré por la salvación de mi familia. Ahora todos ellos son nacidos de nuevo. Oré para que el hijo de mi vecina fuera sanado de un problema en el colon y fue sanado milagrosamente. Oré para recibir un trabajo para el que no estaba calificada, para el que se presentaron más de 120 personas, ¡y lo obtuve! Oré por un lugar donde estacionarme frente al banco porque la calle estaba congestionada por el tráfico. La próxima vez que di la vuelta, un auto se fue de un lugar frente a la puerta del banco justo a tiempo para que yo llegara mi lugar por el que había orado. Cuando llegaban invitados inesperadamente, yo oraba para que la comida se multiplicara en la mesa y veía una provisión milagrosa frente a mis ojos. Esas oraciones y muchas otras ocurrieron durante mi primera semana de ser cristiana. Yo estaba haciendo oraciones sin parar como una ametralladora que dispara rondas de municiones…y muchas de las respuestas fueron a minutos de mis peticiones.

Bueno, ese fue el comienzo de mi travesía de fe. ¡Me encanta vivir por fe! Mi esposo y yo en realidad no tenemos otro sustento. Para todo creemos. Al estar en el ministerio el Señor siempre nos invita a creer en cosas que se manifestarán y que no tenemos ningún poder en nosotros para lograrlas. Mientras más imposible parece, más nos gusta, entonces vemos el poder y la gloria de Dios haciendo que todo suceda. ¡Me encanta!

Esta invitación a creer en Dios no termina cuando usted

cumple 40 años. De hecho, para muchos la vida de fe apenas empieza...y se pone mejor y mejor cada vez. Yo voy a creer que Dios realizará sus hazañas hasta el día en que yo exhale mi último suspiro. Es probable que yo ore: "Solo una oración más, Señor...".

Dios responde a la fe y no a la necesidad. Hay muchas necesidades en el mundo y sin embargo, no vemos que todas queden satisfechas. Dios responde a la fe. Él está buscando alguien que crea para poder actuar. La Biblia dice que los cielos le pertenecen al Señor pero él ha entregado la tierra a lo hijos de los hombres (véase Salmos 115:16). Dios ha dado el domino de la tierra a aquellos que están en Cristo. Atrévase a creer que él hará grandes cosas para usted y a través de usted.

Me encanta conocer personas que se han retirado de su empleo secular y no se han quedado dormidos. A menudo no vemos la importancia de nuestro ministerio delante del Señor en el ambiente secular, pero es peor todavía ver que la sabiduría de los que están en la segunda mitad de la vida yace enterrada en una vida de jubilación. En realidad yo creo que no deberíamos retirarnos nunca. Deberíamos simplemente ir de gloria en gloria, y de una experiencia en Dios a la otra, ya sea en el mundo secular o no.

Conozco personas en todas partes que ya se han retirado de su trabajo secular y quienes hacen que sus vidas cuenten. ¡Tienen tanta onda! En una ocasión conocí a una pareja que dejó un consultorio médico y ahora llevan equipos de estudiantes de medicina al campo misionero todos los años. El resto del año sirven como voluntarios en su iglesia. En el verano se unen a un grupo que viaja en casas móviles por todo el país para compartir el evangelio. Están divirtiéndose de lo lindo.

Otra pareja que conocí tenía un negocio que consumía la

mayor parte de su tiempo y atención. A los 63 años nacieron de nuevo. A los 65 años fueron llenos del Espíritu y aprendieron que el ministerio de sanidad era para hoy. A los 67 años el esposo decidió vender el negocio de toda una vida y lanzar un ministerio de sanidad. Él creía que los enfermos debían ser sanados y fue usado poderosamente para llevar a cabo milagros sobrenaturales en los afligidos.

Gwen Shaw, presidenta y fundadora de End Time Handmaidens, tiene más de 70 años y es una antorcha ardiente de Jesús pues ella cree que su gloria debe esparcirse como fuego en la tierra. Ella siempre tiene una visión fresca que requiere fe.

El Dr. C. Peter Wagner inició su instituto de liderazgo de fama mundial, Wagner Leadership Institute, a una edad cuando la mayoría de los estadounidenses ya están jubilados. Como resultado, hoy miles de personas han sido bendecidas. Él sencillamente dio un paso de fe al negarse a quedar inactivo con lo que tenía en sus manos para dar. Muchos ministros se retiran de su labor pastoral a los 50 o los 60 y luego se secan. El Dr.Wagner ha mantenido su fe viva y activa. ¡Él es una vid fértil en la segunda mitad de la vida!

Freda Lindsay, de Christ For The Nations es otra "luchadora" en la segunda mitad de la vida. Después de que su esposo falleciera, ella continuó dirigiendo la visión y avivó el mandato con su fe. Ella se mantuvo fresca y revitalizada al activar su fe a diario.

¿Qué es la fe?

En Hebreos 11:1 la Biblia describe la *fe* como "la certeza de lo que se espera, la convicción de lo que no se ve". En Marcos 9:23 Jesús dijo: "Si puedes creer, al que cree todo le es posible"

La fe es una fuerza poderosa que hace los sueños realidad. La verdadera fe no se basa en la capacidad del hombre sino en la de Dios. Sin Dios no tenemos nada. Toda buena dádiva y todo don perfecto vienen de Él (véase Santiago 1:17). Sin la gloriosa gracia de Dios en nuestra vida no tenemos nada. Toda cosa buena y perfecta que las personas disfrutan en la vida viene de Él, incluyendo nuestra fe.

Muchos funcionan en base a la fe que Dios da a cada persona, pero no le honran ni le dan gracias. Es importante reconocer de dónde viene nuestra fe. Existen varios tipos de fe, pero toda la fe proviene de Dios. Está la fe natural que toda persona tiene. Es por eso que toda persona tiene la capacidad de creer. Está también la fe santa que reciben aquellos que son creyentes en Cristo. Esta es la misma fe con que trabajó Jesús cuando estuvo en la tierra. Esta es la fe que nos permite andar en el reino de lo sobrenatural y milagroso. Este es el tipo de fe que nos concede la garantía de una vida abundante si la ejercitamos. Todo cristiano recibe esta fe especial cuando le pide a Jesús que venga a su vida como su Salvador personal y su Señor.

Solo porque usted tiene esta fe no significa que automáticamente le funcione. Para que esta fe produzca resultados usted tiene que usarla. Esta fe proviene de una relación con Dios. Viene primero a nosotros cuando lo invitamos a Jesús a entrar en nuestros corazones y después de esa experiencia la misma crece a través de nuestros tiempos a solas con Él. La Biblia dice que "la fe es por el oír, y el oír, por la palabra de Dios" (Romanos 10:17). Su fe crecerá a medida que pase tiempo en adoración, leyendo la Biblia, en comunión y en oración.

Cuando Jesús murió en la cruz dio toda bendición en

el cielo y la tierra a aquellos que creyeran en él. En Efesios 1:3: "Bendito sea el Dios y Padre de nuestro Señor Jesucristo, que nos bendijo con toda bendición espiritual en los lugares celestiales en Cristo". En Segunda de Pedro 1:3 las Escrituras enseñan que por su divino poder "todas las cosas que pertenecen a la vida y a la piedad nos han sido dadas". ¡Todas las cosas es todo! ¡Eso significa que podemos creer en grande! No hay nada que se nos haya retenido. Cualquier cosa que necesitemos para vivir a plenitud la segunda mitad de nuestra vida ya nos ha sido dada en Cristo.

La fe es el conector que toma la promesa invisible y la convierte en una realidad en nuestra experiencia. Recuerde: "Al que cree, todo le es posible". Algunas personas no experimentan una vida abundante, plena y desbordante debido a los pensamientos negativos. Creen que la vida siempre es difícil para ellos y que nada les sale bien. Ya que lo creen, lo reciben. Usted recibirá lo que crea, ya sea bueno o malo. La fe es una fuerza poderosa.

La fe depende de sus pensamientos. Es importante asegurarse de que sus pensamientos estén alineados con las promesas y la voluntad de Dios. La naturaleza de él es pura, amorosa y buena. Cuando piense en sus sueños, metas y deseos, pregúntese si estas cosas son saludables para usted y para otros. Examine sus sueños y vea si están alineados con los deseos de Dios. Por ejemplo, digamos que uno de sus sueños es ayudar a los niños que no tienen padre. Como resultado de este sueño usted se pone la meta de inscribirse en el programa "Big Brother" para apadrinar a un niño que no tiene padre. Su plan de acción implica hacer la solicitud a la organización Big Brother, esperar que le acepten y luego que le asignen un niño. ¿Están este sueño, meta y plan de acción acorde a los deseos de Dios? Si es así, usted puede activar su fe con relación al logro de esta meta y confiar en el favor de Dios y en una tarea exitosa. Cualquier cosa que usted necesite para lograr ese deseo le será concedida cuando sus pensamientos estén alienados con los de Dios.

La Biblia dice que Dios no retendrá ninguna cosa buena para aquellos que se conduzcan rectamente. Él quiere darle cosas buenas. Él quiere darle plenitud en la segunda mitad de la vida. Crea que él le dará los deseos de su corazón. Él le ha llamado a vivir en el reino de la bendición todos los días de su vida… ¡solo créalo!

Los enemigos: Duda e incredulidad

La duda y la incredulidad son fuerzas negativas que pueden destruir su vida. Estos dos enemigos le impedirán experimentar la plenitud. Impidieron que los israelitas disfrutaran la Tierra Prometida de la Biblia. Dios les había dado las promesas cuando estaban en Egipto, pero ellos constantemente dudaban de Él y de sus promesas. Por lo tanto, se quedaron atascados en el desierto durante 40 años. Muchas personas en la actualidad están atascadas en un desierto de carencias y de sueños incumplidos porque dudan de Dios.

Los israelitas estaban llenos de fe cuando el mar Rojo se abrió y les permitió pasar al otro lado a salvo. Estaban llenos de fe cuando veían a las olas tragarse a sus enemigos justo detrás de ellos. Pero la fe duró poco. Tan pronto como llegó una prueba, perdieron el enfoque y la fe desapareció.

Usted descubrirá si tiene fe o no durante los períodos de pruebas y dificultades. ¿Es usted de los que creen o de los que dudan? Algunas veces las personas temen creer porque en el pasado han tenido decepciones. No siempre entendemos por qué las cosas resultan de cierto modo, pero necesitamos mantener la fe de cualquier manera pues los caminos de Dios siempre son mejores que los nuestros. La fe le agrada a Él y la fe logra cosas. Siempre es mejor creer incluso si las cosas no resultan como usted las imaginó al principio. Usted recibirá comprensión en algún momento, y luego todas las cosas tendrán sentido. Mientras tanto, siga creyendo. Es más saludable. Una vida de incredulidad y duda es una vida en peligro de padecer tristeza y opresión amargas. Un escéptico incrédulo destila negativismo y opresión mientras que una persona llena de fe destila esperanza y optimismo. ¿Cerca de cuál de los dos prefiere estar?

Decida hoy ser una persona que cree en lugar de dudar. Tal vez usted era un "creyente" en años anteriores, pero a medida que fue envejeciendo, tuvo decepciones y perdió la fe. La duda, escepticismo y el negativismo se establecieron. Le pregunto algo, ¿le ha hecho más feliz vivir en la duda, la incredulidad y el pesimismo? ¿Estas formas de pensar le han ofrecido una vida buena? Yo diría que no.

Termine los últimos años de su vida con fortaleza, con una perspectiva positiva y con alegría. Tome ese escudo de la fe hoy y corra su carrera con paciencia. Hay muchas cosas aguardándole. Atrévase a creer otra vez y vea cómo Dios derrama bendiciones en usted. Sea de los que creen, no de los que dudan...por el resto de sus días.

CAPÍTULO SEIS

El principio clave

Hay un principio del Reino que yo considero que es el abuelo de todos los demás. Yo vivo mi vida según este principio y a menudo les digo a las personas que si fueran a escoger solo una de las leyes del maravilloso Reino de Dios para vivir acorde a la misma, esta sería la que debían escoger. Es importante vivir según este principio específicamente durante la segunda mitad de la vida. Es la ley de la siembra y la cosecha.

La ley de la gravedad es una ley creada por Dios. Todo lo que sube, baja. Esta ley se cumple para todas las personas, todo el tiempo. ¿Por qué? Porque es una ley creada por Dios. Las leyes creadas por Dios funcionan para todas las personas siempre. Yo puedo decirle luego de más de 30 años de experiencia probada que la ley de la siembra y la cosecha funciona, funciona y ¡funciona! A mí no me ha fallado ni una sola vez.

Las personas sabias viven dentro de los límites de las leyes que Dios creó y estableció. En la Biblia encontramos leyes naturales, leyes espirituales y leyes morales. Si usted respeta las leyes, se beneficiará, y si las quebranta, sufrirá. ¡Es así de sencillo! Si usamos el ejemplo fácil de la ley de la gravedad, es fácil demostrar tanto la bendición de esta ley como las consecuencias negativas que usted sufrirá si la quebranta. La bendición de esta ley es obvia: nuestros pies están anclados en la tierra. Estoy tan agradecida de no vivir flotando por algún lugar del espacio exterior. Una consecuencia negativa debida a la violación de esta ley pudiera ser algo así: Yo decido lanzarme de un acantilado para llegar al otro lado del Gran Cañón (a fin de cuentas, es una distancia mucho más corta que darle toda la vuelta por la autopista). No tengo que describirle las consecuencias, ¡simplemente eche a volar su imaginación!

La ley de la siembra y la cosecha

En el comienzo, cuando Dios creó al hombre, Él nos bendijo y dijo: "Fructificad y multiplicaos" (Génesis 1:28). Esa es nuestra parte. Para tener frutos usted debe sembrar una semilla. En Génesis 8:22 el Señor le hizo una promesa a Noé que se cumple hasta el día de hoy: "Mientras la tierra permanezca, no cesarán la sementera y la siega, el frío y el calor, el verano y el invierno, y el día y la noche". La tierra permanece incluso ahora mientras usted lee este libro. Si la tierra permanece, hay tiempo de siembra y la correspondiente cosecha. Eso es una ley. Cuando usted siembra la semilla, esta crecerá y producirá una cosecha. Su cosecha no será por adición sino por multiplicación. Cuando usted siembra una semilla de frijol en la tierra, esta no le da uno o dos frijoles sino muchos. La semilla sembrada se multiplica y cada frijol en la planta contiene más semillas. Un campesino sabio disfruta comer y comercializar su cosecha así como recoger la semilla que se multiplicó para poder cultivar más. No es sabio que se coma toda la semilla. Debe seguir sembrando para cosechar.

Segunda a los Corintios 9:6-10 dice lo siguiente:

Pero esto digo: El que siembra escasamente, también segará escasamente; y el que siembra generosamente, generosamente también segará. Cada uno dé como propuso en su corazón: no con tristeza, ni por necesidad, porque Dios ama al dador alegre. Y poderoso es Dios para hacer que abunde en vosotros toda gracia, a fin de que, teniendo siempre en todas las cosas todo lo suficiente, abundéis para toda buena obra; como está escrito: Repartió, dio a los pobres; Su justicia permanece para siempre. Y el que da semilla al que siembra, y pan al que come, proveerá y multiplicará vuestra sementera, y aumentará los frutos de vuestra justicia.

La ley de la siembra y la cosecha no puede fallar y no lo hará. Es una ley espiritual. Veamos algunos puntos clave que se encuentran en este pasaje.

1. Usted cosechará en proporción a lo que sembró. Si sembró solo un poco, cosechará solo un poco. Si sembró mucho, cosechará mucho. ¿Qué pasará si usted no sembró nada?
2. Su siembra debe partir de un deseo y convicción del corazón si va a cosechar resultados. Su alegría, convicción y expectación en la siembra pone esta ley en acción.

3. La gracia de Dios (su influencia divina en su vida y su favor hacia usted) le darán todo lo que usted necesita para sembrar. Él le dará su semilla. Si no tiene una semilla que sembrar, entonces pídasela. Él se la dará.

4. Dios hará que la semilla que usted siembre se multiplique. Esta multiplicación se encuentra en el fruto de la semilla sembrada así como en la semilla para la siembra. Esto quiere decir que usted tendrá más que suficiente para satisfacerse usted mismo y suficiente para tener una cosecha mayor la próxima vez que siembre.

Tipos de semilla

Segunda a los Corintios 9:6-10 no se está refiriendo solamente a la semilla que usted siembra en un huerto y no se limita al contexto de las ofrendas financieras en que fue escrito. La ley incluye "cualquier cosa" que sembremos. Si quiero frijoles, entonces más me vale haber sembrado semillas de frijoles. Si siembro semillas de maíz no cosecharé frijoles.

Si quiero amigos, no necesito sembrar papas en mi huerto de la vida. Necesito sembrar amistad en las vidas de las personas. Una pareja de la iglesia se me acercó muy desanimada un domingo luego del servicio de la mañana. Me dijeron: "Llevamos más de seis meses en esta iglesia y nadie nos ha invitado a almorzar ni nos ha invitado a salir". Les expresé mi tristeza por la situación, pero les hice una pregunta: "¿A cuántas personas han invitado *ustedes* a su casa para almorzar?" Se quedaron un poco pasmados ante mi respuesta y contestaron sinceramente. Me explicaron que no creían que tenían que llegar a otros porque las personas debían invitarlos a ellos. Yo les hablé de la ley de la siembra y la cosecha. No estaba bien que hubieran sido pasados por alto como recién llegados a la iglesia, pero ellos podían transformar toda la situación al poner en práctica esta ley fundamental. Sugerí que comenzaran a sembrar en su deseo de tener relaciones en su nueva iglesia.

El domingo siguiente ellos invitaron a dos familias a su casa para almorzar. Después de eso, cada domingo se hicieron el hábito de invitar personas. Varios meses después cuando me encontré con ellos, corrieron a mí y me contaron las buenas nuevas. "La estamos pasando de maravilla. Hemos conocido tantas personas nuevas y hemos comenzado un ministerio de hospitalidad en nuestra iglesia", me contaron. Con el tiempo se convirtieron en supervisores del Ministerio de Recién Llegados y luego fueron invitados a dirigir un grupo celular y finalmente a formar parte de los ancianos de la iglesia. Se convirtieron en una de las parejas más populares de la iglesia.

Esta gran victoria se produjo como resultado de poner en práctica la ley de la siembra y la cosecha. Ellos sembraron semillas de hospitalidad y amistad y tuvieron una enorme cosecha. Durante los primeros seis meses nadie los había invitado a almorzar ni nada por el estilo, pero ellos encontraron satisfacción personal al bendecir a otros. Tanto así que no les importó que otros no se les acercaran. Sin embargo, con el tiempo el rendimiento de la semilla sembrada produjo una cosecha continua y grande que duró todas sus vidas. La ley de la siembra y la cosecha lanzará a cualquiera a una vida llena y abundante.

Hay muchos tipos de semilla. A continuación otro ejemplo. Como nueva cristiana yo amaba la Palabra de Dios. Cada día cuando leía las Escrituras me reanimaba mediante el despertar de uno o dos pasajes. Me emocionaba tanto con la fresca revelación que la compartía con cualquiera que escuchara. Llamaba a amigas por teléfono que también estaban deseosas de conocer más de Dios. Si alguien venía a tomar café, les tocaba un sermón gratis. Dios me daba la semilla, que en este caso era la revelación de la Palabra. Yo la sembraba al compartir la revelación con otros. Mientras más revelación compartía, más revelación recibía. Con el tiempo fui invitada a impartir estudios bíblicos y luego a predicar en iglesias, conferencias y seminarios. Más adelante sembré la semilla en cintas de grabaciones, discos compactos, manuales y libros y ahora mediante la televisión, la radio y el Internet. Al principio yo sembré unas pocas semillas en una pequeña esfera de influencia. Ahora la semilla de la revelación se ha multiplicado y la esfera de influencia ha aumentado a las naciones del mundo. Esta es la nueva ley de sembrar y cosechar. Si usted desea más revelación de la Palabra, entonces siembre la revelación que ahora tiene en las vidas de otros.

Abundancia financiera

La clave para vivir en abundancia en la esfera financiera se encuentra, también, en la ley de la siembra y la cosecha. Si usted quiere finanzas, tiene que sembrar finanzas. Si quiere un auto nuevo, entonces siembre un auto. Si desea muebles o ropas nuevos, entonces siembre muebles y ropas. Esta es la clave para tener frutos. Hemos sido hechos a imagen de Dios y él es un dador. ¡Él da superabundantemente! Él dio lo mejor de sí mismo. Dio a su único Hijo para que toda la tierra fuera bendecida con vida eterna. Lucas 6:38 nos enseña:

Dad, y se os dará; medida buena, apretada, remecida y rebosando darán en vuestro regazo; porque con la misma medida con que medís, os volverán a medir.

Buena tierra

Cuando usted está sembrando necesita estar al tanto del suelo. Cuando la semilla se siembra en un buen suelo, crecerá bien. En Marcos 4:1-20 Jesús enseña a sus discípulos una parábola sobre un sembrador y su semilla. Él deja claro en la parábola que es importante sembrar en buen suelo de lo contrario la semilla se malgasta. A continuación cuatro tipos de suelo que Jesús describió en su parábola:

1. Parte de la semilla fue sembrada junto al camino donde los pájaros vinieron y se la comieron.
2. Parte de la semilla fue sembrada en un terreno rocoso y no pudo echar raíces.
3. Parte de la semilla fue sembrada entre espino y quedó ahogada.
4. Parte de la semilla fue sembrada en buena tierra y produjo al 30, al 60 y al 100 por uno.

Es obvio para aquellos que deseamos vivir una vida rica y completa que un suelo que rinda al 30 al 60 y al 100 es el tipo de suelo en que queremos sembrar. No queremos malgastar nuestra semilla al echarla junto al camino, ni sembrarla en terreno rocoso ni entre espinos y malas hierbas.

Cuando yo siembro la Palabra de Dios en el terreno de un corazón sediento, esta producirá el mayor rendimiento. Cuando yo era más joven estaba llena de entusiasmo por Jesús. Le contaba a todo el mundo cuán maravilloso era.

Algunos seguían caminando y no prestaban ninguna atención. Otros se endurecían en sus corazones y discutían mucho. Otros se mostraban interesados, pero quedaban atrapados en los moldes y afanes del mundo, así que la Palabra nunca echaba raíces en ellos. Sin embargo, había otros que estaban maduros y sedientos de recibir todo lo que Dios tenía para ellos. Recibieron la semilla y esta creció en ellos. Algunos se convirtieron en miembros fieles de iglesias y otros predicadores del evangelio a tiempo completo. La semilla que cayó en suelo bueno rindió al 30, al 60 y al 100 por uno.

Esto no quiere decir que la semilla que se siembre en un suelo malo nunca crecerá. A veces brotará años después, pero sí determina cuánto tiempo paso sembrando en una vida. He aprendido, por las malas, que mi tiempo y energía se gastan si siembro en aquellos que no están listos. Es mejor encontrar a los sedientos e invertir en sus vidas. Aquellos cuyo suelo está listo producirán gran fruto.

Soy una oradora itinerante. A algunos les encantan los temas que enseño y otros los aborrecen. ¿Dónde debo entonces sembrar mi semilla? Es sabio sembrarla en el suelo que esté listo para recibir la semilla. Sembrar en su terreno rico y fértil produce una gran cosecha.

Espere una cosecha

¿Conoce usted un campesino que no espere una cosecha cuando siembra sus semillas? Eso sería una manera rara de pensar. Imagine un campesino que sale al campo y dice: "Oh, como me gusta echar esta semilla en la tierra. Sí, me produce gran placer. Sin embargo, no me interesa la cosecha. Me da los mismo si cosecho o no, ¡yo solo siembro porque disfruto hacerlo!". Uno pensaría que esta persona necesita recibir consejería ¿verdad? Bueno, a veces las personas que siembran cosas en la vida lo hacen con fe, pero sin esperar una cosecha. Siembran amistad, finanzas, los dones dados por Dios y actos bondadosos si esperar ningún fruto.

Es bueno tener un corazón generoso. Es bueno dar sin deseos egoístas ni manipulación, pero también es importante saber que cuando uno siembra, hay cosecha involucrada. Uno de los dones que Dios me ha dado es la comunicación. Yo lo pongo en práctica al hablar, escribir, en la televisión, en la radio, el Internet, los videos en la Web, la producción de DVD y a veces mediante la dramatización de mensajes. Cuando siembro en las vidas de las personas espero ver el fruto. Tal vez nunca sepa cuál es ese fruto en sus vidas, ya que a veces no tengo el privilegio de conocerlas, pero *creo* que habrá fruto en sus vidas como resultados de la semilla que se sembró. Confío en que sus vidas serán más ricas, más completas y aumentarán en bendición a causa del mensaje que yo siembro en sus vidas. Su bendición personal es el resultado de la semilla sembrada y parte de la cosecha. La otra parte de la cosecha implica mi capacidad para recibir e impartir más mensajes que den vida a un mayor número de personas. Yo espero esto. Cuando soy fiel en sembrar el don en otros, este debe crecer en fruto y en su esfera de influencia.

En el área de las finanzas, Ron y yo siempre nos aseguramos de sembrar en buen suelo. Buscamos un terreno que esté bien labrado y sea fértil. Nuestro corazón anhela ver a las personas bendecidas por el evangelio, así que sembramos en las obras y ministerios que sean fructíferos en esta esfera. Cuando sembramos en un suelo bueno cosechamos más finanzas como resultado y compartimos el fruto eterno y la recompensa de sus ministerios.

Mi hijo menor y su esposa tienen su propia empresa en la industria de la construcción. Cuando ellos se casaron sembraron ofrendas generosas en nuestro ministerio porque sabían que era un suelo bueno. Nuestro ministerio también está en la "industria de la construcción" aunque en un contexto diferente. Nosotros construimos el fomento del amor y la gracia de Dios en la tierra. Ellos sembraron con fe y creyeron que recibirían una cosecha. Sembraron con finanzas y creyeron que cosecharían finanzas. ¡Y lo hicieron! Año tras año crecieron tanto en bendiciones financieras como en frutos. Cada año su empresa creció en ganancias y en aceptación. Ellos sembraron con la expectativa de cosechar. Sembraron abundantemente y cosecharon abundantemente. Sembraron en un buen terreno, un terreno que estaba produciendo fruto. Sembraron en un ministerio que estaba involucrado en "construir" y recibieron una gracia constructora que les permitió tener éxito en la industria de la construcción.

Hemos tenido personas que han sembrado en nuestro ministerio de manera habitual porque es un ministerio profético. Varias han dado testimonio con relación a su crecimiento personal en lo profético después de haber comenzado a sembrar de manera habitual. Sembraron con expectativa. Otros sembraron en nuestro ministerio porque nuestro suelo tiene rendimiento en la esfera del evangelismo y los medios de comunicación. Ellos cosechan con fe intencional porque siembran con la visión de cosechar. Muchos de los miembros financieros del equipo Breaker Team de nuestro ministerio dan testimonio regularmente de los logros financieros y espirituales y de los milagros que han llegado como resultado de sembrar en buen terreno.

Nuestro ministerio siembra en muchos otros ministerios. Para mí, ¡mientras más mejor! Yo busco ministerios fructíferos en la esfera del evangelismo, la profecía, las señales sobrenaturales y milagros, la misericordia y la justicia, y los medios de comunicación y siembro buena semilla en un buen terreno con la expectativa de tener una cosecha. Reclamo por fe el rendimiento de la cosecha, pero también en la esfera de la unción en la que estoy sembrando. Eso me encanta ¡y continuamente veo los resultados! Mientras más siembro, mayor es la cosecha.

Liberación del espíritu de retención

Uno de los mayores enemigos de la ley de la siembra y la cosecha es un espíritu de retención. Este espíritu por lo general encuentra una pista de aterrizaje mediante el temor y es común verlo en los que están en la segunda mitad de la vida. Algunas personas sienten temor de sembrar en la segunda mitad de sus vidas porque creen que si lo hacen no tendrán nada. Yo les he oído decir: "Yo tengo ingresos limitados". Bueno, probablemente esa sea la causa, son dados a un espíritu de retención pues el alcance de su visión es muy corto. En Dios no hay límites. La vida en Dios no es como un pastel que tiene solo unos pedazos, y cuando se los comen, se acabó el pastel. No podemos y no debemos vivir con esa mentalidad.

Si usted cree realmente que la ley de la siembra y la cosecha es verdadera, entonces es más importante sembrar en la segunda mitad de la vida si quiere abundancia en sus días postreros. Siembre para cosechar. Sus días postreros deben ser más grandes que los primeros, en todos los sentidos. Siembre con este fin.

Si un campesino acaparara su semilla y dijera: "Solo tengo una bolsa de semillas y tiene que durarme cinco años" sería sabio que tomara un montón de esas semillas y las sembrara en suelo fértil; mientras más rápido, mejor. Al hacerlo, eso le proporcionará más alimento y más semillas en la próxima temporada. Cuando vuelva a sembrar de la semilla cosechada en esa temporada, producirá más otra vez y dentro de cinco años tendrá cantidades exponenciales de alimento. Si acapara la semilla y no la siembra, de seguro tendrá que ser muy cuidadoso de cuánta semilla coma. Si come con mucho cuidado, entonces quizá pueda lograr que le dure durante los cincos años…pero óigame, ¡qué manera tan terrible de vivir! ¿Y qué pasa después de los cinco años?

Esta es la manera de pensar y actuar contraria a la ley de la siembra y la cosecha. En la Biblia usted encuentra muchas historias donde, incluso en tiempos de dificultades, si el pueblo de Dios sembraba, cosechaban. Isaac, por ejemplo, sembró en un tiempo de hambruna y en un año cosechó al ciento por uno pues el Señor lo bendijo (véase Génesis 26:12).

En la colina donde Jesús estaba enseñando una vez se sembró un almuerzo pequeño. Cinco mil personas comieron y quedó una cosecha de 12 canastas *después* de que todos habían comido lo que quisieron. Comenzaron esta experiencia de abastecimiento solo con cinco panes y dos pescados. Es algo bueno que alguien no retuviera su almuerzo de este día. Su sacrificio no solo alimentó a la multitud sino que recibieron mucho más a cambio.

Si lo que usted tiene es demasiado pequeño para satisfacer su necesidad, entonces probablemente sea una semilla. No se coma su semilla sino siémbrela. En Primero de Reyes 17, Elías fue a Sarepta en medio de una hambruna. Le pidió a una viuda que le diera agua y algo de pan. En los versículos del 12-16 encontramos su respuesta:

Y ella respondió: Vive Jehová tu Dios, que no tengo pan cocido; solamente un puñado de harina tengo en la tinaja, y un poco de aceite en una vasija; y ahora recogía dos leños, para entrar y prepararlo para mí y para mi hijo, para que lo comamos, y nos dejemos morir. Elías le dijo: No tengas temor; ve, haz como has dicho; pero hazme a mí primero de ello una pequeña torta cocida debajo de la ceniza, y tráemela; y después harás para ti y para tu hijo. Porque Jehová Dios de Israel ha dicho así: La harina de la tinaja no escaseará, ni el aceite de la vasija disminuirá, hasta el día en que Jehová haga llover sobre la faz de la tierra. Entonces ella fue e hizo como le dijo Elías; y comió él, y ella, y su casa, muchos días. Y la harina de la tinaja no escaseó, ni el aceite de la vasija menguó, conforme a la palabra que Jehová había dicho por Elías.

Hubiera sido fácil para esta buena mujer retener lo último que le quedaba de harina y aceite, pero estuvo dispuesta a sembrarlo. Cuando lo hizo, ella entró en una nueva dimensión, una dimensión milagrosa. Lo que ella tenía no era suficiente para satisfacer su necesidad así que se convirtió en su semilla. Cuando sembró su única semilla, ella y su hijo tuvieron sustento durante el tiempo de hambruna.

Cuando mi esposo y yo experimentamos tiempos de escasez, nunca dejamos de sembrar. Nos apoyamos en las promesas de la Palabra de Dios y creímos en la ley de la siembra y la cosecha. A veces no cosechamos de inmediato, pero años después regresó a nosotros abundantemente.

Fluir

En un estanque es importante mantener el agua fluyendo hacia adentro y hacia afuera. Si el flujo se detiene, el agua se estanca. En la segunda mitad de la vida muchos hacen una represa y se quedan estancados. Muy pocas cosas pueden vivir en aguas estancadas. Mantenga una buena cantidad de su vida, sus dones y sus finanzas, fluyendo hacia fuera para que más pueda fluir hacia adentro. Es así como uno se mantiene fresco. Busque maneras, incluso ahora, en que puede hacer que las cosas fluyan de su vida hacia el mundo que le rodea

En la parábola de los talentos Jesús habla de dos personas que invirtieron sus talentos y recibieron una recompensa a cambio y de una persona que retuvo y recibió juicio.

Mateo 25:14-30:

"Porque el reino de los cielos es como un hombre que yéndose lejos, llamó a sus siervos y les entregó sus bienes. A uno dio cinco talentos, y a otro dos, y a otro uno, a cada uno conforme a su capacidad; y luego se fue lejos. Y el que había recibido cinco talentos fue y negoció con ellos, y ganó otros cinco talentos. Asimismo el que había recibido dos, ganó también otros dos. Pero el que había recibido uno fue y cavó en la tierra, y escondió el dinero de su señor. Después de mucho tiempo vino el señor de aquellos siervos, y arregló cuentas con ellos. Y llegando el que había recibido cinco talentos, trajo otros cinco talentos, diciendo: Señor, cinco talentos me entregaste; aquí tienes, he ganado otros cinco talentos sobre ellos. Y su señor le dijo: Bien, buen siervo y fiel; sobre poco has sido fiel, sobre mucho te pondré; entra en el gozo de tu señor. Llegando también el que había recibido dos talentos, dijo: Señor, dos talentos me entregaste; aquí tienes, he ganado otros dos talentos sobre ellos. Su señor le dijo: Bien, buen siervo y fiel; sobre poco has sido fiel,

sobre mucho te pondré; entra en el gozo de tu señor. Pero llegando también el que había recibido un talento, dijo: Señor, te conocía que eres hombre duro, que siegas donde no sembraste y recoges donde no esparciste; por lo cual tuve miedo, y fui y escondí tu talento en la tierra; aquí tienes lo que es tuyo. Respondiendo su señor, le dijo: Siervo malo y negligente, sabías que siego donde no sembré, y que recojo donde no esparcí. Por tanto, debías haber dado mi dinero a los banqueros, y al venir yo, hubiera recibido lo que es mío con los intereses. Quitadle, pues, el talento, y dadlo al que tiene diez talentos. Porque al que tiene, le será dado, y tendrá más; y al que no tiene, aun lo que tiene le será quitado. Y al siervo inútil echadle en las tinieblas de afuera; allí será el lloro y el crujir de dientes".

A veces las personas experimentan oscuridad y agonía en la segunda mitad de sus vidas porque no dejan que sus dones fluyan a otros. Usted siempre recibirá un rendimiento por lo que invierta con fe. No hay mejor momento que ahora para comenzar a dejar que el "río fluya".

Sabiduría

Necesitamos tener sabiduría en la esfera de la siembra y la cosecha. La sabiduría es dada a cada persona que le falte y se la pida a Dios (véase Santiago 1:5). En la mano derecha de la sabiduría hay largura de días y en su izquierda hay honor y riquezas (véase Proverbios 3:16). Pida con fe por la sabiduría que necesita y espere en el Señor por la llegada de una sabiduría que le enseñe a sembrar, qué sembrar, dónde sembrar y cuándo y cómo sembrar.

La sabiduría no solo le enseña cómo invertir sus finanzas y talentos sino también cómo mantenerlos. La sabiduría es un elemento principal y está disponible para todos los que la desean. Yo amo la sabiduría y a menudo leo los diez primeros capítulos de Proverbios los cuales dan las claves de cómo crecer en sabiduría. Si usted ama y honra la sabiduría, se llenará de la misma.

Pérdidas de la cosecha

La ley de la siembra y la cosecha funciona no solo para una buena semilla que se haya sembrado sino también para mala semilla. Si usted siembra discordia, cosechará discordia. Si roba, le robarán. Si deshonra a otros, usted será deshonrado. Si retiene a otros en su tiempo de necesidad, la bendición le será retenida cuando llegue su tiempo de necesidad. Si siembra juicio y críticas, lo cosechará. ¡Esa es la ley! Esta ley funciona para todas las personas, todo el tiempo, con buena o mala semilla.

Es importante tener un suelo limpio para sembrar una buena semilla. ¿Entonces cómo nos deshacemos de la cosecha que ha surgido de las malas semillas que sembramos en el pasado? Eso es fácil, *pida una pérdida de la cosecha*. Reconozca sus errores y pídale a Dios que le perdone por sembrar semillas malas en su propia vida o en las vidas de otros. Llámelas por su nombre, si puede, y pida perdón. Perdone a otros que pueden haber sembrado malas semillas en su vida. Luego pídale a Dios que limpie el terreno de su vida de las malas cosechas que han brotado por las malas semillas. Él lo hará. A él le encanta hacer esto por usted.

Cuando el campo esté limpio, entonces siembre muchas semillas buenas. Cada día pídale a Dios que le perdone por cualquier mala semilla que usted puede haber sembrado en su vida o en la vida de cualquier otra persona. ¡Mantenga el huerto limpio de malas hierbas!

Oración por la pérdida de la cosecha

Amado Padre celestial:

Siento mucho haber sembrado semillas negativas en mi vida y en las vidas de otros. Te pido que me perdones por todas y cada una de ellas. Te pido que haya una pérdida de cosecha en cada semilla destructiva y negativa que yo haya sembrado. Haz que el suelo de mi vida sea fértil y que esté listo para la buena semilla. Te pido que en las vidas de aquellos donde alguna vez sembré semillas malas en el pasado, se siembren semillas buenas.

Padre, gracias por contestar mi oración.

Amén.

Siembre buena semilla para
el cumplimiento de los deseos

Ahora que usted tiene un suelo limpio y bueno para sembrar, piense en el tipo de cosecha específica que le gustaría cosechar. Una vez que lo defina, entonces siembre en esas esferas proporcionalmente. Recuerde, su cosecha siempre es mayor que su semilla. Siembre abundantemente.

Le voy a poner un ejemplo:

COSECHA DESEADA: Recibir favor

Semillas a sembrar:
- Sembrar oraciones cada día, pedir que el favor aumente en mi vida.
- Decretar la Escritura para favor sobre mi vida cada día.
- Escribir todos los días una nota de aliento a una persona expresándole favor.
- Una vez a la semana sembrar un regalo en la vida de una persona para expresar favor.
- Cada día recuerde estimar, preferir y favorecer más a otros que a sí mismo.

COSECHA: Respuestas a las oraciones
- Las palabras decretadas se manifiestan.
- Recibir notas de aliento de parte de otros expresando favor.
- Recibir regalos que expresan favor.
- Otros me estimarán más que a sí mismos.
- Otros me preferirán primero que a sí mismos.

Ahora haga una lista personal:

Descripción del deseo	Descripción de la semilla

Anote la cosecha

Revise su lista de semillas de vez en cuando y vea si han producido una cosecha. Pronuncie bendición sobre su semilla y el terreno en que está plantada. Yo por lo general digo algo así: "En el nombre de Jesús bendigo la semilla que he sembrado y bendigo el suelo en que está. Oro para que haya un rendimiento del ciento por uno". Así es como usted riega su semilla. Cuando su cosecha se manifieste, entonces anótela y dele gracias a Dios por su bondad. Alábelo.

Fecha	Descripción de la cosecha

CAPÍTULO SIETE

Salud, buen estado físico y belleza

Creo que uno de los mayores temores en la segunda mitad de la vida es no tener la salud y la fortaleza suficientes para vivir una existencia de calidad, fuerte y dinámica. Envejecer es un proceso natural, nadie está exento del mismo, pero debemos tener la expectativa de disfrutar un cuerpo saludable, que funcione bien y bello justo hasta que exhalemos nuestro último suspiro. Jesús nos enseñó a orar:

> *Venga tu reino. Hágase tu voluntad, como en el cielo, así también en la tierra* (Mateo 6:10).

En el cielo no hay enfermedad, padecimientos, debilidad ni heridas. No hay nada roto, nada falta. Si usted tiene fe para creer esto, dé el paso y crea que estos beneficios se manifestarán en su vida aquí en la tierra como en el cielo. La vista de Moisés no se apagó ni perdió su fuerza a medida que envejecía. ¿Por qué no será igual con usted?

Cosecharemos lo que sembremos. Si sembramos salud en nuestro cuerpo, eso cosecharemos. No hay mejor momento como el presente para comenzar. Considere los siguientes atributos y vea cuál le describe mejor.

CATEGORÍA 1

Lleno de vigor
Saludable
Gran sistema inmunológico
Gran tono muscular
Muy buen estado físico
Peso perfecto
Tono de piel vibrante
Ojos brillantes

CATEGORÍA 2

Carente de energía
Débil
Siempre lucha con la enfermedad
Músculos flojos
Protuberancias no deseadas
Sobrepeso
Tono de la piel apagado
Ojos sin brillo

Si descubrió que la Categoría 2 le describe mejor, entonces usted está entre la mayoría de las personas en los Estados Unidos con 45 años o más. Si preferiría estar en la Categoría

1, puede estarlo. No tiene que ser difícil, ¡puede ser divertido y fácil!

En menos de medio año de ajustes a patrones nuevos en la dieta, los ejercicios y el descanso, usted pudiera estar de camino a ser delgado, estar acicalado, ser saludable, tener mucha energía y disfruta de una perspectiva nueva en la vida. Usted brillará, ¡estará listo para correr la carrera que tiene por delante! Recuerde, ¡todavía el resto de su vida puede ser el mejor! Usted puede hacer que así sea.

Si va a estar en buena forma en su mente, sus emociones y su espíritu, necesita un cuerpo fuerte que lo facilite. El cuerpo tiene cinco necesidades básicas para tener una salud óptima, todas ellas fáciles de satisfacer.

1. Hidratación

Más del 75 por ciento de su peso corporal es agua. Con solo beber agua suficiente cada día usted puede mejorar su salud y su vitalidad. Usted notará la mejoría en el tono de su piel, el brillo de sus ojos, el confort muscular, la energía y el bienestar general.

Para tener una salud óptima es importante un consumo de agua adecuado. La mayoría de los adultos necesitan unas 64 onzas diarias. Eso es 8 vasos de 8 onzas cada uno. Si usted trabaja en un clima cálido, está haciendo ejercicios o en un régimen para bajar de peso, desintoxicarse o luchando con una enfermedad, probablemente necesite tomar más. Es mejor beber el 50 por ciento de su consumo de agua entre el momento en que usted se levanta y el almuerzo y la otra mitad entre el almuerzo y la hora en que se va a dormir.

A continuación, algunos de los beneficios del agua en su cuerpo:

1. Transporta los nutrientes por todo el cuerpo.
2. Libra al cuerpo de los desechos y elimina las toxinas que se acumulan en los músculos, los tejidos y los órganos.
3. Ayuda a mantener un volumen de sangre adecuado en el cuerpo.
4. Ayuda a prevenir el estreñimiento y ayuda a que los intestinos funcionen correctamente.
5. Mantiene flexibles los órganos del cuerpo.
6. Lubrica los órganos del cuerpo (es decir, humecta los ojos, la boca, la nariz).
7. Hidrata la piel y la ayuda a mantenerse joven.
8. Ayuda a regular la temperatura corporal, especialmente en el clima cálido.
9. Ayuda a eliminar el apetito.
10. Estimula al metabolismo (cuando se toma fría).
11. Ayuda a prevenir las infecciones en las vías urinarias.
12. Ayuda a los órganos a funcionar bien.
13. Obliga a que la grasa se use como combustible y ayuda a evitar depósitos extras de grasa.
14. Es una bebida que no tiene calorías.
15. Ayuda al cerebro a funcionar mejor y por lo tanto tiene el potencial de aguzar el pensamiento.

Bebidas como el café, los refrescos gaseosos y el alcohol en realidad le deshidratan y no debieran estar incluidos en el total de su consumo de agua. De hecho algunos dicen que si usted toma una taza de café necesita volver a hidratarse al tomar tres medidas de agua por cada medida de café.

Tomar la cantidad de agua adecuada le refrescará, le ayudará a bajar de peso y aumentará su salud y vitalidad en general.

2. Nutrición

Para servirle bien su cuerpo necesita una buena nutrición. Si usted llena su cuerpo con todo tipo de comida chatarra y de basura, entonces su cuerpo responderá consecuentemente. En la cultura occidental estamos inundados de comida que ha sido inyectada con químicos y hormonas que no son saludables para nosotros. En la segunda mitad de la vida usted debe poner comida buena, saludable y de calidad en su sistema. Algunos dicen que "uno es lo que come".

Cuando vaya a comprar comestibles, asegúrese de llenar la cesta de granos integrales, frutas frescas y vegetales, carnes magras y de aves, y productos lácteos orgánicos. Estos alimentos por lo general se encuentran en la parte exterior de los mercados. Recuerdo que alguien me aconsejó que SOLO comprara en los pasillos exteriores del mercado. Si lo hacía, me aseguraron que ahorraría dinero y comería más saludable. Tenían razón.

Vitaminas, minerales y suplementos hormonales naturales

A medida que usted envejece los suplementos de vitaminas, minerales y hormonas naturales le ayudan a estimular la salud y la energía. Debido a la cantidad enorme de alimentos no orgánicos que comemos, nos falta nutrición. Esto puede compensarse con dosis diarias de suplementos de buena calidad. Sugiero que haga una cita con un nutricionista o herbolario reconocido. Estudie los diversos beneficios de los suplementos y descubra cuáles tienen la mejor calidad para sus necesidades.

La cosa verde

Nunca olvidaré el día en que Shirley Ross, la productora de nuestro programa de televisión me ofreció una bebida horrorosa que al parecer estaba llena de vitaminas y minerales. Yo había estado padeciendo un resfriado y estaba convencida de que me daría fuerza. Ella le llamaba "la cosa verde". Estaba llena de vitaminas, antioxidantes, y otros agentes de energía realmente buenos. Era 100 por ciento natural y de hecho funcionó. Así que hasta el día de hoy yo la bebo a menudo. Sigue teniendo un sabor terrible, pero bueno, me da tremendo estímulo. Ha sido beneficioso para mi salud y vitalidad en general.

Hay muchos productos disponibles para ayudar a desarrollar una salud óptima. En lo personal yo creo que es una buena inversión. Con un horario muy ocupado, lleno de presión, necesito un cuerpo saludable para cumplir con todo lo que está en lista cada día.

3. Ejercicios

Para mantenerse en buena forma física y con energía en la segunda mitad de la vida, el ejercicio diario es sumamente importante. Es bueno para su salud en general y mantiene al corazón bombeando bien, los músculos en forma y el pensamiento claro.

Si usted es atlético, entonces eso no solo beneficiará su salud sino que puede mejorar su vida social al unirse a una liga de tenis o de golf o a otra actividad deportiva en equipo. Conocí a un hombre que empezó a esquiar en la nieve cuando tenía más de 50 años. Era increíble en las pendientes. En el momento en que escribo este libro él tiene más de 80 años y luce muy bien. Todavía está lleno de energía, en muy buena forma física y disfruta de una salud radiante. Las actividades deportivas habituales son agradables y también beneficiosas para la salud. Solamente no haga demasiado, no vaya muy rápido, ni exagere, ¡nunca!

Existen muchos tipos de gimnasios, videos de ejercicios y programas ofrecidos por los gimnasios que están diseñados para las personas en la segunda mitad de la vida. Mi suegro hacía aeróbicos acuáticos todos los días cuando se retiró. Ese poquito de ejercicios le ayudaba a mantenerse en buena forma incluso pasados los 80 años. Su instructora impartió la clase hasta que cumplió los 93. Créame que ella ni parecía que tenía esa edad ni se comportaba como tal. Ponía a sus alumnos a trabajar duro en cada ocasión. Lo sé porque yo participé como invitada en la sesión unas cuantas veces. ¡Ella me daba tremenda tanda de ejercicios!

Si usted no está acostumbrado a hacer ejercicios, entonces comience con un poquito cada día, incluso 15 o 20 minutos es mejor que nada. Yo sugeriría que busque consejo profesional bueno acerca de un régimen de ejercicios que sea adecuado para usted. Comience poco a poco y vaya aumentando.

Mi suegra caminaba con una amiga durante una hora todas las noches después de la cena. Era una buena ocasión para conversar con su amiga y así hacer algún ejercicio. Usted también puede aprovechar todos los tipos de actividades a lo largo del día. Por ejemplo, en lugar de manejar hasta el correo o la tienda, tal vez pueda caminar o estacionar el auto un par de cuadras antes y caminar el resto. Si tiene escaleras en su casa, súbalas y bájelas corriendo unas cuantas veces seguidas cada día. Pase la aspiradora a toda su casa una vez más por semana y, en lugar de trapear el piso, pruebe ponerse de rodillas y restregarlos fuertemente con los brazos. Y por supuesto, no subestime el usar las teclas del control remoto del televisor. A mi esposo le encanta apretar el botón de "mute" durante los anuncios comerciales. ¡Hay que mantener los dedos ágiles! Estoy segura de que él lo hace por el ejercicio… ¡sonría! Estas son cosas pequeñas que pueden ayudar a añadir algo extra a su rutina de ejercicios.

Al parecer las barriguitas planas son un desafío tanto para hombres como para mujeres en la segunda mitad de la vida. Por lo general esto puede rectificarse fácilmente con solo hacer algunos ejercicios para tensar el abdomen. Comience con unos pocos cuando se levanta en la mañana. Haga algunos más antes de irse a dormir en la noche. Para comenzar hacer hasta unos 15 es mejor que nada. Cada esfuerzo pequeño producirá una gran mejoría. Eso también se cumple con los músculos flácidos de los brazos y los glúteos caídos. Todo puede ajustarse con un poco de dedicación. No lo vea como una tarea penosa sino como una oportunidad de dicha total.

¿Recuerda cuando hablamos de que la actitud lo es todo en un capítulo anterior? Bueno, usted puede aplicar este principio al ejercicio también. Usted puede escoger disfrutar las sesiones de ejercicios. Si todavía no es así, sencillamente cambie su actitud. Tome la decisión de *disfrutar* el hacer ejercicio. Vamos dígalo: *"Me gusta hacer ejercicios"*.

4. Desintoxicación

Desintoxicarse es importante para tener una salud óptima debido a la cantidad de toxinas que ingerimos cada día. Las toxinas están en el aire que respiramos y prácticamente en todo lo que comemos y bebemos. El estrés también ayuda a retener las toxinas. La presencia de estas en su sistema hará que su cuerpo tenga que trabajar más duro para funcionar. Muchas toxinas luchan contra su sistema inmunológico y llenan su sangre, sus músculos, las células de su cerebro, el sistema de eliminación y los órganos de su cuerpo de venenos que le quiten la fuerza, la salud y el bienestar general. Las toxinas pueden afectar su bienestar emocional y su estado de alerta así como su salud física. Las toxinas no son nada buenas para su sistema pero en el mundo en que vivimos es difícil eliminarlas por completo. Sin embargo, un sistema inmunológico fuerte se sobrepondrá a sus efectos y disminuirá la influencia de estas. La desintoxicación limpia su cuerpo de las toxinas y le da al sistema inmunológico tiempo para fortalecerse. Los programas de desintoxicación no solo debieran implicar la eliminación de las toxinas sino que deben incluir suplementos nutritivos que fomenten su sistema inmunológico y su salud general al mismo tiempo.

Existen muchos suplementos nutritivos, limpiadores, tés y jugos que se compran fácilmente en la mayoría de los centros de salud y que ayudan en el proceso de eliminar las toxinas y purificar su cuerpo. Existen limpiadores para la sangre a base de hierbas, limpiadores para el colon, limpiadores que ayudan a eliminar los metales de su sistema y aquellos que limpian el hígado y los riñones de las toxinas.

La mayoría de la desintoxicación implica ayunar de los alimentos que traen las toxinas. La desintoxicación por lo general requiere varias semanas, incluso hasta 40 días, pero la mayoría de las personas se sienten muy bien luego de adoptar estos regímenes. Antes de desintoxicarse es muy importante que considere sus opciones y consulte con especialista en nutrición de confianza.

La primera vez que yo lo hice fue algo asombroso. Estaba cansada, sentía pérdida de energía y tenía dolores de cabeza y de espalda frecuentes. Mi piel y mis ojos no tenían brillo ni tampoco mi cabello. Tomé un limpiador de colon de alta calidad durante tres semanas lo que incluía excelentes suplementos nutricionales. Tomé alrededor de 10 vasos de agua purificada todos los días y solo comí alimentos puros (frutas y vegetales orgánicos frescos, té de hierbas, granos integrales sin levadura y jugo fresco).

Durante la primera semana del régimen de tres semanas, me sentí muy mal. Tuve migrañas, aumentaron los dolores en mis músculos y en la espalda, erupciones en la piel, mal aliento y un terrible olor en el cuerpo. Aunque usted no lo crea, todas esas son señales de una desintoxicación exitosa. Las toxinas estaban siendo eliminadas y buscando la manera de salir del cuerpo. Tengo que reconocer que después de tres días yo quería renunciar al proceso, pero me sentí animada a seguir adelante. Después del cuarto día los síntomas se aliviaron y al octavo día realmente me sentía de maravillas. Cada día después de eso yo observaba una mejoría notable. Era casi increíble. Al finalizar las tres semanas mi rostro brillaba, mis ojos centelleaba y mi larga cabellera rubia (en aquel entonces) tenía un brillo natural hermoso. Podía pensar con tremenda claridad y estaba muy alerta, mi nivel de energía estaba al máximo, mi listeza espiritual tenía niveles altos ¡y me sentía increíblemente bien! Esa primera experiencia me dio los beneficios de la desintoxicación. De hecho, mientras escribo esto estoy tan animada ¡que quiero empezar otra ahora mismo! Me han sugerido que desintoxicarme dos veces al años entre 20 y 40 días mantendrá su cuerpo limpio.

Masajes

El masaje profesional es beneficioso para el régimen de la desintoxicación. Los músculos guardan toxinas. Cuando los músculos son masajeados de manera adecuada, el estrés de los músculos se elimina. Las toxinas se desplazan, se mueven a los nodos linfáticos y luego se eliminan. Después del masaje es importante tomar mucha agua para ayudar con el proceso de desintoxicación.

5. Descanso

Para que su cuerpo funcione bien este tiene que rejuvenecerse. Dormir y descansar le permite a los órganos y células de su cuerpo rejuvenecerse y refrescarse. A medida que usted envejece verá que su sueño se interrumpe. En la menopausia las mujeres a menudo tienen períodos de calor y frío en las noches que interrumpen el sueño. Es un hecho que la hormona natural del sueño, la melatonina, disminuye a medida que envejecemos. En lo personal, yo tomo un suplemento de melatonina cada noche que me ayuda en el sueño (si es posible, manténgase alejado de las pastillas para dormir, crean hábito y no es saludable consumirlas). También hay muchas hierbas y vitaminas que ayudan con los síntomas de la menopausia.

Un entrenador físico me dijo que el cuerpo necesita al menos cuatro horas de sueño continuo e ininterrumpido para rejuvenecerse. Siempre que sea posible, intente asegurar esas cuatro horas en una sesión de sueño. Sin embargo, si usted tiene problemas para dormir, lo peor que puede hacer es preocuparse. Solo relájese. Acuéstese y descanse. Ore. Medite y piense en aquellas cosas que son buenas y agradables. Sumérjase en buena música de adoración en su iPod y deje que su hombre espiritual se fortalezca. Pídale al Señor que le rejuvenezca de una manera sobrenatural. Él puede hacerlo y lo hará.

¿No has sabido, no has oído que el Dios eterno es Jehová, el cual creó los confines de la tierra? No desfallece, ni se fatiga con cansancio, y su entendimiento no hay quien lo alcance. El da esfuerzo al cansado, y multiplica las fuerzas al que no tiene ningunas...pero los que esperan

*a Jehová tendrán nuevas fuerzas; levantarán alas como
las águilas; correrán, y no se cansarán; caminarán, y no
se fatigarán* (Isaías 40:28-29,31).

A los 53 años de edad yo observé un cambio notable en
mis patrones de sueño. Nunca había experimentado sueño
interrumpido hasta aquel momento. Al principio me preocupé,
pero pronto descubrí que estresarme al respecto no era la
solución. Ahora si me despierto y no puedo volverme a dormir,
me acuesto y oro o adoro. A veces me levanto y leo la Biblia o
me pongo a trabajar unas horas y más tarde me vuelvo a dormir.
Ya que hago que esta interrupción en el sueño obre a mi favor,
descubro que rara vez me siento cansada al día siguiente.

Siestas reconstituyentes

Las siestas reconstituyentes pueden ser extremadamente
útiles. Soy una de esas personas que puede poner la cabeza en
la almohada, quedarse dormida profundamente de inmediato
y luego despertar 15 o 20 minutos después sintiéndose muy
despabilada. Si usted es así, entonces aproveche esa bendición.
Esas pequeñas siestas le refrescarán para las horas siguientes.

Sin embargo, muchas personas no tienen esa capacidad
programada en su sistema. Es beneficioso tomar "una siesta
reconstituyente". Acuéstese solo durante unos 15 o 20 minutos
durante su día o temprano en la noche y medite en cosas
apacibles. Absorba. Relájese. Estos pequeños "descansos
reconstituyentes" también le darán renovación.

Bajar de peso

Bueno, este tema es "importante". El aumento de peso y un
metabolismo más lento parecen ser una queja común entre los
que pasan de los 40.

La cosa con el aumento del peso es que en la mayoría de los casos arrastra una gran mentira. Funciona así: usted se mira al espejo y piensa: "Ay, caramba, mira qué feo luzco con esta grasa de más. La ropa me queda apretada, la barriga me cuelga por encima del cinto, los ojos los tengo inflamados y las mejillas parecen hinchadas". Entonces, por lo general, usted trata de hacer algo al respecto, como empezar una de esas dietas para bajar rápido de peso y un régimen de ejercicios muy fuerte. Funciona por un tiempo corto y luego su apetito insaciable regresa junto con el antojo enorme de comer galletas de chocolate y pasteles. Falta a algunas clases de ejercicios. Entonces está demasiado ocupado como para regresar. La grasa regresa junto con algunas otras libras. Usted le hace frente y durante otro mes más o menos vuelve otra vez con el mismo régimen. ¿Le suena conocido?

Luego de unos ciclos de este patrón, pierde la esperanza. Su mente le dice: "No puedes hacer nada al respecto. Este problema es más grande que tú. Has probado y has fracasado. Estás gordo y feo, punto. Acéptalo".

Los fracasos han producido dolor hasta que la mentira se afianza. Si usted vive en base a la mentira, se abandonará y ni siquiera tratará de lucir bien. Comprará ropa cada vez más grande y perderá ese orgullo saludable de su apariencia. Acabará asumiendo esa imagen de "gordo y desaliñado" y tratará de hacerse creer que así está bien, al fin y al cabo lo que cuenta es el ser interior. El problema es que, en estos casos, el ser interior en realidad cree que está gordo, feo y derrotado. ¡Todo es una gran mentira! ¡No se lo crea! Solo siga luchando, usted ganará. Así es. Usted puede y lo hará. Su victoria está solo al doblar la esquina. ¡No ceda a la derrota!

Permítame contarle un testimonio personal en este aspecto.

Mi historia

Cuando yo era más joven tenía mucha energía, rara vez me enfermaba, tenía un tono muscular excelente sin tener que pensar en hacer ejercicios y podía comer cantidad enormes de comida sin tener que preocuparme por subir de peso. Cuando cumplí los 45 años noté un cambio en mi cuerpo. Vi cosas como músculos flácidos, pelo donde no lo quería y un aumento gradual de peso, como 10 libras al año. Eso en realidad es menos de 1 libra al mes pero después de cuatro años había subido 40 libras y había pasado de talla 14 a talla 20. Durante el último año de subir de peso sentía que la piel de mis muslos rozaba mientras caminaba, cuando subía las escaleras lo hacía resoplando y jadeando, y por lo general me sentía débil y cansada la mayor parte del tiempo. Sin embargo, necesitaba llevar un horario muy ocupado. Constantemente tenía resfriados, problemas en el pecho, candidiasis y dolores musculares. Me diagnosticaron asma bronquial como consecuencia de un sistema inmunológico comprometido. Estaba desanimada, por no decir otra cosa. Había perdido parte de mi gozo y entusiasmo por la vida. Qué manera tan horrible de vivir.

Yo pensaba: "Realmente necesito hacer algo en cuanto a mi salud y eliminar este peso excesivo". Mientras usted diga: "Realmente necesito", no lo hará. En algún momento usted tiene que hacerle frente a la situación retadora y decir: "Voy a hacerlo", ¡e inmediatamente lanzarse a la batalla!

En un evento al que fui a hablar en New Jersey, recibí ayuda de parte de Dios para tomar la decisión. Había ministrado en esa iglesia el año anterior. La esposa del pastor, que era una mujer bastante gruesa, me sentó una mañana y me dijo: "Realmente no estoy calificada para hablarle de esto porque yo misma estoy bastante pasada de peso, pero he observado que has subido de peso este año. Si yo fuera tú, ¡haría algo al respecto!". ¡Vaya, esas palabras sí que me llegaron! Llevaba cuatro años subiendo de peso y necesitaba romper el patrón, pero ¿cómo?

Era desalentador escuchar que mi aumento de peso era tan evidente pues yo pensaba que lo ocultaba bien al usar ropa más grande y más holgada. Sin embargo, daba gracias por la confrontación. Me encanta comer y no me gustan las restricciones. Me gusta la flexibilidad y nunca me gustó la idea de hacer dieta. ¿Cómo podía hacerlo y seguir feliz? Yo solo tenía alrededor de 45 años. Tenía toda una vida por delante. ¿Iba a ser miserable? ¿Restringida?

Acudí a la oración y derramé mi corazón delante de Dios. Sabía que necesitaría su sabiduría y su fuerza. Decidí después de orar esa noche que tomaría la decisión de hacer algo al respecto, ¡enseguida!

Pensé: "Bueno, me tomó cuatro años subir de peso así que aunque me tome un año o dos para bajarlo, es mejor que subir otras 10 libras para cuando llegue esta fecha el año que viene".

Algunos de ustedes pudieran estar pensando: "Pero tengo tanto que bajar… ¡me voy a demorar un siglo para hacerlo!". Yo sé cómo usted se siente. No obstante, es un consuelo saber que usted puede trazar una raya y decir: "Este año no voy a subir ni una libra más, ¡se acabó!". Si su meta es mantener su peso exitosamente, entonces si baja 10 libras al año, eso es extra…y eso, querido amigo, es bajar menos de una libra al mes. Y el otro factor importante es que si usted baja de peso de una manera razonable con solo hacer simples ajustes en la dieta y los ejercicios, entonces aumentará su energía, bríos y su salud. Mi cambio radical ocurrió al estar dispuesta a hacer un compromiso a largo plazo.

Lo primero que hice fue añadir una caminata rápida de 30 minutos a mi rutina diaria. Llevaba años sin hacer ningún ejercicio físico y se notaba. Al principio no cambié mi dieta porque no quería empezar a hacerlo y durar poco tiempo. Quería algo que me funcionara para siempre, por lo que primero tenía que investigar mis opciones.

Caminar me ayudó tremendamente. Yo seguía pensando: "*Esto es más de lo que hacía antes. En vez de ponerme peor, estoy mejorando, incluso si es a pasos de hormiga*". Al principio la media hora parecía una eternidad, y debo decir que requirió un poco de disciplina para salir por la puerta y hacerlo. Pero una vez que empezaba, era maravilloso, lo más difícil era tomar esa decisión inicial. Aprendí a decir: "Ahora voy a caminar", en lugar de "debiera ir a caminar ahora" o "necesito ir a caminar". Si usted se escucha diciéndose: "necesito" o "debiera" entonces no lo hará. Cambie su declaración para "lo haré" o "voy a... ahora". Después de varios días la caminata de 30 minutos era fácil y pasaba rápido. Cuando vine a ver, disfrutaba caminatas de 45 minutos y hasta de 60 y 90 minutos. Solía meditar y orar, y pensar en el día que tenía por delante. Mi cuerpo comenzó a sentir renovación y vitalidad en la primera semana.

Una amiga que había recibido entrenamiento físico me explicó que si no cambiaba mi dieta, pero me comprometía a hacer una caminata rápida de 30 minutos por día podría bajar 10 libras al año, tonificar mi cuerpo y sentirme mejor en sentido general. Eso me inspiró a hacerlo y desarrollar la disciplina como parte de mi estilo de vida. Seguí con mis caminatas diarias durante cuatro años. Entonces tuve muchas ocupaciones y fallé un poquito por aquí y otro poquito por allá hasta que regresé por completo a mis malos hábitos... y mi cuerpo lo revelaba. Otra vez empecé a sentirme cansada, estresada, volví a subir de peso y me sentía desanimada.

No se lamente por las cosas, no sirve de nada. He intentado todo tipo de lamentos con el curso de los años y todos han fracasado, así que ni se le ocurra. Sencillamente tome la decisión de volver a encaminarse. Una vez que toma la decisión inicial de salir por la puerta, casi siempre a los 5 minutos usted se alegra de haberlo hecho. Las cosas que usted hubiera escogido hacer en lugar de caminar, casi siempre pueden esperar. Háblele a su carne desobediente y dígale: "*Vas a ir a caminar* ¡ahora!".

Entiendo que algunos quizá no puedan caminar, entonces su forma de hacer ejercicio pudiera ser diferente. Cualquiera que sea su opción, dedíquese a esta y manténgase enfocado. Si pierde terreno al regresar a los hábitos de antes, renueve su decisión y ordénele a su carne que haga lo que tiene que hacer. ¡Usted es quien manda! Si hace una inversión en su salud cada día, cosechará los beneficios en los años futuros. Independientemente de cuántas veces fracase al intentar regresar, siga renovando su compromiso de lograrlo. En una de esas ocasiones logrará vencer los obstáculos. Cuando lo haga, ¡siga corriendo y no mire hacia atrás!

Las caminatas diarias realmente ayudaron, pero yo también necesita hacer algo con respecto a mi dieta. Había aumentado tanto de peso que me sentía incómoda. Los amigos hacían sugerencias discretas de cosas que debía intentar para bajar un poco. ¡Qué vergüenza! Yo no podía ocultar mi dilema. Todo el mundo se daba cuenta.

Como oradora itinerante siempre me invitan a cenas, postres deliciosos, meriendas luego de las reuniones y todo tipo de regalos en cestas que preparan los grupos anfitriones. Sí, en esas cestas me aguardan galletitas, nueces, barras de chocolates y refrescos. Se quedan todas las noches mirándome en los aparadores de las habitaciones del hotel. Esas cestas son tan hermosas, con envolturas lindas, lazos… En la época de mi lucha implicaban una tentación irresistible de abalanzarme sobre ellas y descubrir el contenido…y luego comérmelo, claro. Durante años yo hablaba hasta en tres lugares por semana, ¡así que eran muchas cestas!

Consideré varias opciones: contar las calorías, dietas bajas en grasa, dietas de clínicas para bajar de peso y todo tipo de dietas y regímenes. Todos parecían tan difíciles y tan restrictivos. Yo quería una dieta que fuera para mi salud, sencilla y que no fuera complicada de hacer, y algo que me diera libertad y disfrute.

Las necesidades de todo el mundo son diferentes, pero déjeme contarle lo que funcionó conmigo. Una amiga me contó que estaba haciendo la dieta de Atkins. Esta dieta es baja en carbohidratos y alta en proteína. Ella lucía fabulosa y había bajado un montón de libras. Así que compré el libro y lo leí completo. Después de leer el material, quedé convencida de que esa era la dieta que yo necesitaba. Me encantan las carnes, el queso, la crema agria, la mantequilla y todos esos tipos de comida. Descubrí que con esa dieta podía comer lo que me gustaba sin restricciones en las cantidades, bajar de peso y tener muy buena salud (sí, así es, no juzgue si no ha leído todo el material escrito por los fundadores). Entendí que con esta dieta necesitaría seguirla cuidadosamente o podía ir en contra de mi salud y mis metas de bajar de peso en lugar de lograrlas. ¡*No* podía hacer trampas! Terminé el libro y me comprometí con la dieta de inmediato. Tenía tanto el deseo como la fe de hacerlo. Apenas podía esperar.

En el desayuno comía tocino con huevos y rodajas de tomates o una tortilla de vegetales con requesón. En el almuerzo comía una ensalada de atún, ensalada griega o una sopa deliciosa baja en carbohidratos. En la cena comía vegetales como brócoli fresco, coliflor, espárragos y habichuelas verdes, así como ensalada y una porción generosa de carne de res o de aves, o pescado. En el postre comía una gelatina sin azúcar o un plato pequeño de fresas o moras con crema batida fresca. De los granos comía una torta de arroz inflado y a veces le añadía queso, atún, pollo o una ensalada de huevo. Tomaba de 8 a 12 vasos de agua al día. Cuando tenía hambre me comía un pedazo de queso o un tallo de apio con queso crema. Lo hacía con entusiasmo y me encantaba.

Antes de empezar esta dieta mi barriga estaba toda inflada, mi cara inflamada y yo estaba aletargada. Descubrí que muchas personas que comen grandes cantidades de carbohidratos y azúcar en su dieta luchan con estos síntomas. Una de las razones principales está relacionada con nuestro balance de insulina. Conocida como la "hormona que almacena la grasa", la *insulina* es la hormona que determina si la comida será quemada o almacenada como grasa. Cuando usted come carbohidratos y azúcares, el nivel de azúcar en la sangre se eleva y se libera insulina para producir equilibrio. Si no necesita la energía, entonces sus células la acumulan. Los carbohidratos y azúcares elevan rápidamente el nivel de azúcar en sangre, son alimentos que producen energía rápidamente. El problema está en que cuando usted come demasiado de estos, demasiado pronto, sus células se llenan de energía excesiva debido a la acumulación de calorías no utilizadas, entonces sube de peso. Cuando es liberada la insulina sabe que su cuerpo no necesita la energía así que la acumula como grasa en las células.

La mayoría de nosotros, al envejecer, experimentamos cambios en nuestro metabolismo debido a la resistencia a la insulina. Esto explica por qué muchos subimos de peso cuando envejecemos. Al envejecer no necesitamos tantos carbohidratos ni azúcares para obtener energía como cuando éramos más jóvenes.

Una señal de lo que yo llamo toxicidad por carbohidratos y azúcar es la evidencia de grosor en la cintura tanto de hombres como de mujeres. En los hombres a veces le dicen "barriga de cerveza". Eso es porque la cerveza está cargada de carbohidratos y azúcar y cuando la gente toma demasiado, esta produce en la barriga un almacén de energía sin usar. Las mujeres a veces engordan alrededor de la zona reproductiva debido a altos niveles de insulina cuando sus células se llenan de toda la energía que necesitan. El consumo de cualquier cantidad de azúcar o carbohidratos en ese momento se convertirá en grasa y se acumulará en las células y eso hace que el grosor de la cintura sea mayor. Un consumo excesivo de carbohidratos y azúcares es usualmente la culpa del síndrome de las barrigas gruesas, especialmente en una cultura en la que comemos tanta comida chatarra llena de carbohidratos y azúcares así como de grasas no saludables (ácidos grasos).

Aunque los carbohidratos y el azúcar liberan insulina rápidamente, el consumo de grasas y proteínas libera insulina más lentamente. La dieta Atkins y otras dietas bajas en carbohidratos como la de Suzanne Somers han descubierto que el tipo adecuado de grasas en realidad quema grasa en lugar de acumularla.

Todo me parecía muy bien, así que lo hice. Yo quería un cuerpo fuerte y saludable, lleno de energía y vitalidad. Me hice el compromiso de cambiar mis patrones alimenticios. En mi caso no iba a ser una dieta de solución rápida sino un cambio en mi estilo de vida. Yo quería eliminar el peso extra, pero no estaba apurada. Me había tomado cuatro años subirlo así es que si me tomaba cuatro años eliminarlo, yo estaba decidida a hacerlo. Nada de soluciones rápidas.

Es bueno que tuviera esa actitud porque durante las tres primeras semanas me sentía un poco débil y a veces tenía el estómago revuelto. Me di cuenta de que estaba eliminando los carbohidratos y el azúcar. Estaba intoxicada y necesitaba sacar el veneno de mi sistema. Otra cosa interesante era que durante las tres primeras semanas no bajé ni una libra. Pero estaba comiendo más saludable. Nada de comida chatarra. Nada de azúcar. Mucha agua, vegetales, proteínas y grasas que quemaban grasa.

Después de la tercera semana todos los síntomas de sentirme intoxicada se fueron y bajé casi 10 libras en una semana. Eso me dio tremendo ánimo. Me estanqué durante otro mes y luego bajé más. En menos de cuatro meses bajé las casi 40 libras que había subido. Me sentía muy bien. Tenía energía de sobra. No tenía caídas en mi nivel de energía y me sentía clara en el pensamiento. Me encantaba. Para mí ese patrón de alimentación funcionaba.

Todo el mundo tiene que descubrir su propia preferencia y no estoy sugiriendo que esta dieta le sirva a usted, pero fue y es asombrosa para mí. Me resulta fácil de hacer cuando salgo a restaurantes y cuando viajo. Sencillamente me mantuve firme y dije: "No como carbohidratos ni azúcares". Era fácil de hacer y agradable.

Me mantuve en ese patrón de alimentación durante más de tres años sin fallar. En la parte de mantenimiento de este plan usted puede consumir unos 40 gramos de carbohidratos al día lo que me dio lo que yo necesitaba. Seguí sintiéndome bien, mantuve mi peso y energía y no me enfermé en esa época. Toda la candidiasis, el asma, los resfriados, etc., desaparecieron. Me dijeron que la razón por la que no me enfermé ni luché con las infecciones era debido a que la dieta de Atkins producía un equilibrio alcalino en mi cuerpo. Algunos nutricionistas están de acuerdo con que en un sistema alcalino a las enfermedades les resulta difícil vivir. Además creen que las enfermedades se desarrollan y florecen en un ambiente ácido. El ambiente ácido puede producirse en nuestros cuerpos cuando comemos carbohidratos y azúcares.

Muchos de mis amigos se asustaron mucho porque yo estaba haciendo la dieta de Atkins. Habían leído libros en contra de la dieta y pensaban que me iba a dar un infarto o algo así. Dejé que algo de esa negatividad influyera en mí. Luego de tres años exitosos, decidí tomar un año y comer más frutas y vegetales como ellos sugerían. El primer año marchó bien pero mi apetito por los carbohidratos y azúcares comenzó a crecer... y crecer... y crecer. Después del primer año yo estaba hartándome de carbohidratos y azúcares hasta que los mismos síntomas que había tenido antes regresaron.

Mi peso regresó lentamente. Otra vez tenía antojos de comer azúcar que eran difíciles de ignorar. Una vez más padecí por un sistema inmunológico débil y empecé a tener resfriados, infecciones respiratorias, malestar general. No tenía necesidad de desviarme de mi dieta baja en carbohidratos. No debí hacerlo. En mi caso era lo mejor.

Durante un año de mucho estrés en 2006 y 2007, también descubrí que estaba cediendo a la mentira de consolarme con la comida. Sentía dolor por dentro y quería consolarme. Cuando comía algo dulce me hacía sentir bien por dentro momentáneamente. El problema es que el tipo de consuelo que se deriva de la comida dura muy poco, pero el exceso de grasa se acumula en el sistema durante mucho tiempo, aquel "consuelo" equivalió a subir 25 libras. Usted puede manejar el estrés y el dolor emocional mucho más fácil si está físicamente renovado y bien nutrido. El Espíritu Santo es el verdadero Consolador. Usted puede ser tan lleno de él como quiera sin subir ni una sola libra.

Por fin estoy de nuevo en mi estado anterior, y me va bien. Las cosas están asentándose otra vez y mi salud está regresando.

Puede que el rumbo suyo sea diferente pues es importante que encuentre el patrón alimenticio adecuado. Pero déjeme darle algunos consejos que aprendí para ayudarle con su dieta y para bajar de peso:

1. Tome la decisión de ir rumbo a su meta. Eche a andar las cosas.

2. Nunca se salte una comida. Si lo hace, su cuerpo entrará en modo de ayuno y se aferrará a las calorías que consuma después. Se almacenarán como grasas. Dejar de comer es una manera segura de desacelerar su metabolismo. Usted nunca debe pasar más de tres horas sin comer algo.

3. Elimine de su dieta la comida chatarra, eso incluye los refrescos gaseosos de dieta, las comidas de dieta, las papitas, las comidas rápidas y los azúcares. La comida chatarra de Estados Unidos es veneno para su sistema. Ponga comida buena y saludable en su cuerpo. Si no está listo para eliminar toda la comida chatarra, entonces empiece por disminuir las cantidades que consume. Por ejemplo, digamos que usted se toma cuatro latas de refresco de dieta al día, incluso si lo disminuye a uno es mejor que no hacer ningún cambio (recuerde que los refrescos de dieta son conocidos por dañar más su salud que los refrescos llenos de azúcar).

4. Busque meriendas que nutran su cuerpo. Sea creativo y téngalas a mano para cuando tenga algún antojo.

5. Coma alimentos naturales siempre que sea posible. Por ejemplo, la mantequilla es mejor para usted que la margarina.

6. Escoja una dieta que tenga opciones de alimentos que le gusten y sea creativo al planificar las comidas.

7. Tome mucha agua.

8. Añada a su horario 30 minutos extra de ejercicios. Si no está listo para comprometer 30 minutos, entonces pruebe al menos con cinco minutos al principio. Cualquier cosa es mejor que nada. Si está acostumbrado a hacer 30 minutos al día, entonces propóngase 35 o 45. Auméntelo un poco y verá los resultados.

9. Si falla, vuelva a retomarlo. No se harte ni diga: "Mejor lo hago hoy y mañana empiezo otra vez". No, retome su régimen de inmediato.

10. Coma hasta quedar satisfecho. No coma en exceso.

11. Tenga una meta a largo plazo. Haga este cambio en su estilo de vida en lugar de "hacer una dieta".

12. Sea paciente, no se preocupe por cuán rápido baja de peso. Póngase una meta y diga: "A partir de hoy no voy a subir de peso nunca más". Es probable que le haya tomado muchos meses o años subir de peso, así que tenga paciencia para bajarlo.

Apariencia

Siempre es importante lucir bien, especialmente cuando se siente muy mal. Si usted pesa más de la cuenta, entonces hágase atractivo y luzca lo mejor que pueda. Siéntase orgulloso de su apariencia.

En el reencuentro luego de 20 años de mi escuela secundaria observé que las mujeres (casi todas con casi 40 años) eran unas nenas. ¡Se veían fabulosas! Se habían cuidado las figuras, usaban ropas de moda y en general se veían muy bien. La mayoría de los hombres, por otra parte, se habían abandonado. La mayoría pesaba de más, tenían barrigas y lucían un poquito desaliñados.

Unos siete años después me encontré con un par de compañeras de aula mientras viajaba. En siete años habían envejecido y adoptado la moda desaliñada. Y yo también. Aquello me sacudió. Parecíamos haber perdido el respeto por la apariencia externa al envejecer.

Mi vida gira alrededor de Dios. Soy devota de Dios y sí, ¡pudieras decir que soy una fanática de Jesús! Él me consume. Pienso en Él todo el día. Él es el amor número uno de mi vida. ¡Estoy "locamente enamorada" de Él!

Una de las cosas que he llegado a conocer de Dios es que Él está súper interesado en la apariencia. Él creó a la humanidad a su imagen y la Biblia nos enseña que Él es completamente glorioso y lleno de esplendor. Eso significa que nosotros también. Él vistió a Adán de tanta gloria que Adán no vio su desnudez hasta después de haber pecado. No hay fealdad en el cielo ni en Dios. Él es hermoso. Su Palabra nos dice que somos "una creación admirable" (Salmo 139:14). ¡Cada uno de nosotros es absolutamente despampanante ante sus ojos!

Dios también está interesado en el diseño de ropas. Él es el diseñador más asombroso del universo. A lo largo de la Biblia usted verá el cuidado y atención que él le da a los detalles, especialmente cuando diseñó los trajes de los sacerdotales y le dio instrucciones a Moisés de cómo debían hacerse, incluyendo las piedras preciosas (véase Éxodo 28). En el Nuevo Testamento Jesús enseña que Dios es el que viste los lirios del campo (véase Mateo 6:27-29).

Todo en el cielo es bello, deslumbrante y lleno de esplendor. Cuando Jesús se transfiguró, Mateo 17:2 lo describe de esta manera: "...su rostro resplandeció como el sol, y su ropa se volvió blanca como la luz". Moisés y Elías también estaban en medio de esta gloria celestial. ¡Jesús era asombrosamente bello! ¡Y usted también! Usted fue creado como un objeto de belleza. A medida que crea esto, usted manifestará esta belleza.

No deje que el mundo le diga cómo tiene que vestirse o lucir, pero al mismo tiempo, no tiene que hacer una declaración en contra del mundo al no cuidar de su apariencia. Yo creo realmente que los que estamos en la segunda mitad de la vida podemos lucir absolutamente bellos... tanto así que la gente se detenga y se fije en nosotros. Por supuesto, no es que queramos llamar la atención sino que queremos brillar como luces... ¡y la gente puede ver la luz!

Abraham tenía una esposa llamada Sara. A los 80 años era tan bella por fuera que el faraón, quien creía que era la hermana de Abraham, en realidad quería tomarla por esposa. ¡Tremendo! Ese síndrome de Sara es algo serio. ¡Eso es mucha belleza!

Yo creo que la belleza interior es mucho más importante que la belleza exterior. Sara era conocida por la belleza interior de su corazón (véase 1 Pedro 3) y no obstante, eso obviamente afectaba su belleza exterior. Ella dejaba a la gente con la boca abierta, por como era por dentro y por fuera. Usted también puede hacerlo. Tome la decisión de lucir muy bien incluso estando en la segunda mitad de la vida.

Hace años conocí a una mujer que era tan bella y sin embargo, tenía una apariencia desaliñada. Le pregunté si la podía invitar a hacerse un cambio de imagen. Ella estuvo de acuerdo. La llevé a una sesión de maquillaje, corte de cabello y a comprarse ropa nueva. ¡Cielos! Era despampanante, ¡y a ella le encantó! Todo el mundo se dio cuenta y comentaba qué hermosa se veía. Eso fue un cambio radical para ella. Prosiguió mejorando su belleza.

He observado que a veces después que las mujeres se casan pierden la motivación por lucir bien. Tal vez se hace difícil concentrarse por las ocupaciones de la vida, atender las faenas diarias, los hijos y trabajar fuera de la casa. También es importante que los hombres se cuiden. Conozco mujeres que han perdido el interés en sus esposos porque dejaron de cuidar de su apariencia y su higiene. También he observado a hombres hacer lo mismo, se tiran al abandono. Siembre debemos lucir bien, no importa cuán viejos seamos.

Cerebro en buen estado

Es importante ejercitar las funciones de su cerebro y sus capacidades de razonamiento a medida que envejece. Su mente no tiene que embotarse. Manténgase alerta y en buena forma mental. Mi suegro hacía crucigramas todos los días para mantener su mente alerta. Hoy día existen muchos juegos para estimular el pensamiento. Algunos juegos de mesa como el ajedrez son buenos para crecer en precisión y enfoque mental.

Después de cumplir los 65 mi abuelo tomó dos cursos en la universidad cada año en un centro de educación para adultos. ¡La pasaba de maravillas! Siembre era el mayor de su clase, pero le encantaba estar rodeado de gente más joven. Lo mantenían joven en su perspectiva y su mente aguzada como resultado del proceso de aprendizaje.

Lea muchos libros y haga algunos ejercicios de matemática. Ambas actividades ejercitan una parte diferente del cerebro.

Escoja actividades que estimulen su estado de alerta mental. Tenga cuidado de no pasar demasiado tiempo frente al televisor. Aprenda a hacer una actividad manual nueva o una habilidad que también ayude a su mente a estar alerta, y le ayude a expresar su creatividad. Estas cosas pueden ser divertidas. Usted puede aprender a hacer cosas que nunca antes haya hecho. Nunca es demasiado tarde para aprender algo nuevo.

¡La belleza en usted!

Usted fue creado para manifestar belleza por dentro y por fuera. Usted es una persona increíble que tiene más para dar en la segunda mitad de la vida que en la primera. Necesita su salud, su fuerza y su vitalidad pues le aguardan muchas aventuras. Haga lo que sea necesario y disfrútelo.

CAPÍTULO OCHO

Remóntese a una gloria mayor

(Una conclusión profética)

Estoy totalmente convencida de que la generación que está en la segunda mitad de su vida se va a levantar y va a resplandecer. ¿Cómo son? Son gente llena de amor, sabiduría, humildad, gracia, poder para hacer milagros y gloria. Es una generación intrépida que está plagada de valor y tenacidad.

Es una generación que ha ganado entendimiento a través de las lecciones difíciles de la vida y que ha perseverado con paciencia y fe. Su apariencia es ciertamente impresionante pues la pureza de sus corazones refleja esa gloria y luz a través de la cubierta exterior de su cuerpo.

Es una generación llena de vitalidad que correrá junto a la próxima generación con un corazón generoso que brinda apoyo y amor. Ellos restauran los cimientos justos y no sienten temor de hablar cuando les llaman a mantener principios y moralidad santos. Es una generación desinteresada que se preocupa por otros más que por sí mismos.

Es una generación que vive en la plenitud y el gozo de todas las bendiciones que Dios ofrece. Llenos de gozo iluminan el gozo que les rodea y dan esperanza a los que no tienen. Esta generación nunca será olvidada en la historia de la humanidad.

¡Esta generación es usted!

¡Que tenga buen viaje!

Corra su carrera a plenitud, hasta el final.

La gloria postrera de la casa será mayor que la primera.

Lo mejor está por llegar.

Dios le ama con amor eterno (Folleto)

Dios le ama con amor eterno (God Loves You with an Everlasting Love), folleto de *King*, autorizada la impresión. Derechos reservados 2003, Patricia King.

UNA NOTA DE PATRICIA KING:

Querido lector:

¡No hay nada mejor en la vida que saber sin duda alguna que usted es amado sin condiciones y de una manera perfecta! Existe un innumerable grupo de personas que pasa su vida intentando satisfacer el clamor de aquellos lugares vacíos y solitarios, los lugares que anhelan el consuelo y la seguridad que solo el amor puede ofrecer.

¿Dónde se encuentran tal amor y satisfacción? ¿Puede usted realmente experimentar ese tipo de seguridad y bienestar? ¿Será posible en realidad comprender el valor de la persona para la cual usted fue creada?

Este folleto está diseñado para presentarle la revelación más grande que alguien pudiera recibir jamás. Es la revelación del amor incondicional que Dios siente por usted, el amor que fue probado y demostrado perfectamente en la cruz, hace 2,000 años.

No hay nadie como usted. Usted fue creado como un objeto del afecto, la aceptación y el amor de Dios. Dios nunca quiso que usted experimentara rechazo ni abandono, usted fue hecho para recibir su gracia y favor abundantes.

Mi deseo es que pueda llenarse profundamente de esta revelación y llegar a estar plenamente consciente de que:

¡Dios le ama con amor eterno!

Patricia King

El tipo de amor de Dios

"Mirad cuál amor nos ha dado el Padre, *para que seamos llamados hijos de Dios…* " (1 Juan 3:1 KJV, cursivas de la autora).

¿Qué tipo de amor motivaría a un Dios perfecto, santo y justo a ofrecer a una persona pecadora y rebelde la oportunidad de llegar a ser su propio hijo y heredero de todo lo que él es y de todo lo que tiene? Parece disparatado, ¿no es cierto? Sin embargo, así es exactamente el tipo de amor que el Padre ha mostrado a cada uno de nosotros. Nada a través de la historia de la humanidad ha sido capaz jamás de hacer que él se retracte de este amor, aunque todos hemos puesto a prueba su amor una y otra vez. La demostración de este amor es inalterable porque él es inalterable.

Muchas personas a menudo fluctúan en cuanto a su seguridad del amor de Dios y continuamente cuestionan su posición delante de él. Esta falta se seguridad produce inseguridad. Las personas pudieran preguntar: "¿Valgo lo suficiente? ¿Amo a Dios lo suficiente? ¿Estoy haciendo bien las cosas? ¿Le estoy sirviendo lo suficiente?".

Mi propia fe vacilaba constantemente antes de que yo comprendiera la clara revelación de la obra de Cristo en la cruz que demostró su amor eterno e inalterable por mí. Durante esos años yo siempre cuestionaba mi valor ante él. Esto producía afán, tensión e inquietud. Sin la seguridad de su amor inalterable uno nunca tiene la libertad de ser. Si no tiene la libertad de ser, uno nunca tendrá la libertad de hacer. Es la revelación de su amor lo que produce plenitud, libertad y productividad en la vida.

Primera de Juan 4:18-19 nos enseña que: "Nosotros le amamos a él, porque él nos amó primero" y "el perfecto amor echa fuera el temor". Cuando usted comprende el amor incondicional de Dios, se elimina el temor de no ser aceptado y amado por él. Usted sabe muy dentro de sí que es precioso para él y tiene la seguridad de su lugar en el corazón de Dios para siempre. Cuando usted tiene esa convicción, se siente seguro, incluso cuando todo en la vida es inestable. El amor le da una confianza firme en que él solucionará todas las cosas y le guardará en perfecta paz.

Romanos 8:32-39 nos informa que el amor que el Padre nos ha dado es mayor que cualquier otra fuerza. Nos asegura confiadamente que nada nos puede separar de su amor. De hecho usted nunca puede ser separado del amor de Dios que es en Cristo Jesús, **nunca**. En Cristo usted ha sido sellado por siempre en su amor santo. ¡Qué maravilloso!

Es probable que usted (como casi todas las personas) no fuera amado incondicionalmente en su niñez, de vez en cuando pueden haber venido a su mente pensamientos mentirosos. *No soy fácil de amar. No soy aceptado. No he sido capaz de lograr mucho. No tengo valor. No puedo triunfar.*

Sin embargo, la Palabra dice que usted es amado de una manera perfecta y que nada en lo absoluto le puede separar jamás de la fuente de ese amor. Cuando usted realmente comience a comprender esta verdad, será capaz de desechar las mentiras torturadoras del rechazo, la inferioridad y la inseguridad. El poder del amor y el favor de Dios prevalecerá y hará que las mentiras caigan. Entonces usted experimentará aquello para lo cual fue creado desde la fundación del mundo, un objeto del amor y afecto profundo de Dios.

Dios quiere que usted se sienta tan seguro en su amor que sea capaz de ir a cualquier lugar, hacer cualquier cosa, enfrentar cualquier espíritu de rechazo, y vencer cualquier obstáculo. Usted podrá decir con confianza: "Soy un hijo de Dios preciado y amado. Soy su favorecido".

El amor es la marca de Dios en nuestras vidas. No solo debemos conocer su amor por nosotros mismos sino que debemos compartirlo de manera profusa con otros. Una vez que usted sabe que es amado, su amor en usted se derramará por todo el lugar y tocará a otros, ¡usted no podrá evitarlo! Este tipo de amor no proviene de un afán interior de ser una persona amorosa. Proviene de saber que usted es como un hijo amado de manera perfecta. Entonces esta gracia poderosa fluye a través de usted como un río y refresca a los que le rodean.

Un testimonio personal

Recuerdo claramente cómo era la vida sin Cristo y la revelación de su amor. Yo era una joven profesional, una esposa y la madre de dos niños varones, no obstante, estaba completamente insatisfecha y destruida. Sin embargo, gran parte de mi destrucción estaba oculta para los espectadores. Usaba una máscara invisible de bienestar porque tenía miedo de dejar que la gente viera quién yo era realmente. ¿Y si me rechazaban? ¿Cómo podría lidiar con eso? Vivía con muchos disfraces que ocultaban la culpa y la vergüenza que inundaban mi corazón. Estaba en una prisión invisible y no podía escapar.

Probé todas las cosas para ser libre. Asistí a muchos cursos de autoayuda y me uní a grupos de la Nueva Era e ilustración ocultista con la esperanza de encontrar respuestas para mi alma angustiada. Habitualmente tomaba sustancias adictivas tratando de encontrar consuelo y alivio. También intenté buscar significado para la vida mediante mi profesión y al tomar cursos extra en la universidad. Cada esfuerzo fracasaba en ofrecer alguna libertad. Me volví cada vez más inestable emocionalmente sin una manera de comprender las cosas. Mientras más lo intentaba, más fracasaba. Mientras más fracasaba, más me desanimaba y más atada me sentía. Los tentáculos del temor, la vergüenza y la culpa me envolvían y estrangulaban cualquier dejo de esperanza. Me sentía constantemente acosada por una sensación de impotencia en la vida. Era un desastre, ¡totalmente fuera de control! Necesita ayuda urgentemente, pero no sabía adónde acudir.

Dios escucha el clamor de nuestro corazón y sin dudas que escuchó el mío. Fue luego de una experiencia casi mortal, en el punto más bajo de mi vida, que el Señor envió a un hombre maravilloso para que me hablara del evangelio. Fue un ministro anglicano, el Reverendo Ron Hunt. Nunca olvidaré la primera noche que asistí a un pequeño estudio bíblico en una casa a la que él me invitó. Aunque estaba nerviosa de entrar al ambiente desconocido, me llevé una grata sorpresa al presenciar un grupo sincero de personas que obviamente conocían a Dios de una manera muy personal. Esa noche, una persona tras otra contó testimonios de cómo Jesús había cambiado sus vidas. Decían que él perdonó sus pecados, los limpió de la culpa y la vergüenza y les ofreció una vida completamente nueva. ¡Vaya! Eso era exactamente lo que yo quería, pero ¿sería posible?

Al regresar a casa me arrodillé en el piso de la sala de estar y clamé a este Dios invisible en busca de ayuda. "Jesús, no tengo nada que ofrecerte excepto mi vida hecha pedazos. He hecho un desastre de ella, pero realmente me gustaría que vinieras a mi corazón y me hicieras nueva, así como lo hiciste con esa gente." Yo sentía que era tan mala que no sabía si Jesús querría venir a mi vida o no. No tenía ninguna confianza en que él pudiera amar a gente como yo.

Para sorpresa mía, él no dudo en entrar a mi corazón. Ni siquiera había terminado de orar cuando literalmente sentí la presencia de un amor líquido entrar en mi ser. Aquel que conocía cada detalle malvado de mi vida no dudó, ni por un momento, en mostrarme su misericordia y amor extravagante. Sentí literalmente que la presión de mi pecado se iba junto con toda la culpa y la vergüenza. Era como si una prisión se hubiera abierto y me hubieran dejado salir en libertad. Por primera vez me sentí encantadora y bella por dentro.

Lo único que pude hacer fue llorar. De hecho lloré toda la noche mientras le adoraba. Nadie tuvo que enseñarme a adorar, cuando usted es tocado profundamente por su amor, la adoración es una respuesta normal, ¡la única respuesta! Todo en usted da gracias, muchas gracias. Yo sabía sin la más mínima duda que este regalo de amor no tenía nada que ver con mi propia capacidad de arreglarme a mí misma. Mis intentos fallidos interminables habían demostrado que yo "no tenía arreglo". ¡Esto era un regalo de vida gratis, su regalo de un amor eterno, resuelto, inalterable, inconmovible e incondicional! ¡Sí, Dios!

Los próximos años fueron muy satisfactorios para mí pues a diario experimentaba cada vez más la revelación de su Palabra y sus caminos. Su amor sanó, liberó y estableció una vida completamente nueva. No tenía nada que ver con todos mis esfuerzos. Esta nueva vida es su regalo. Es un regalo que no puede ganarse y está disponible para todos. ¡Está disponible para usted!

Empecé a servir al Señor con pasión. Nunca me sentí presionada a servirle, ni por un momento. Le servía porque lo amaba. Es lo que uno hace cuando está enamorado. Toda mi vida cambió. Tenía amigos nuevos, nuevos intereses y nuevos deseos. Quería pasar toda mi vida sirviendo a aquel que me había amado de una manera tan perfecta. Un año luego de mi nuevo nacimiento, mi esposo comenzó a seguir a Jesús. Año tras año estaba lleno de un despliegue continuo de su bondad.

Como cristiana joven nunca probé el "legalismo", el intento de asegurar una buena posición delante del Señor mediante la obediencia a la Ley. Conocí este tipo de esclavitud religiosa por primera vez cuando nuestra familia sirvió al Señor en un campo misionero en el extranjero. Los líderes del centro misionero eran muy apasionados por el Señor. Y sé que tenían buenas intenciones. Lamentablemente, no comprendían que el amor incondicional del Señor es un regalo y que no puede ganarse mediante nuestras obras. Como resultado, enseñaban a los que trabajaban con ellos que se perfeccionaran a sí mismos mediante un esfuerzo propio para agradar a Dios. Los propios líderes vivían con esta carga.

Experimentaba la presión del desempeño cada día en el campo misionero. En todo mi afán de hacerlo bien, me parecía constantemente que no llenaba las expectativas. Estaba convencida de que estaba decepcionado a Dios y mientras más trataba de agradarle, más fracasaba. Mientras más fracasaba, más me afanaba por dentro. El ciclo siguió y aumentaron el desánimo y la presión, lo cual me llevó otra vez al tormento y al yugo que yo había experimentado antes de conocer a Cristo. Estaba atormentada por la misma culpa y la misma vergüenza, solo que con una ropa diferente. Una era un manto de injusticia y la otra era un manto de justicia propia. Ambos daban el mismo fruto de devastación y eran mortales.

Después de seis meses de servir en ese campo misionero tan fiel y diligentemente como pude, terminé nuestro período y me sentía en una bancarrota espiritual. Hasta había perdido la seguridad de mi salvación. Creía que le había fallado al Señor por completo y que él nunca más podría usarme. Creía que ya no era una hija preciada para él. Lo había decepcionado mucho. ¡En qué engaño me había metido!

Al regresar a casa los amigos me ayudaron a desglosar la Palabra y a confiar en que el Señor todavía me amaba. La sanidad y la restauración no llegaron de la noche a la mañana. En ocasiones todavía me sentía acosada por el temor de que Dios me rechazara. Constantemente luchaba con la autocondenación y pedía a gritos el alivio. Lo único que quería era sentirme cerca de Dios, sentirme digna de su amor y saber que le agradaba.

Años después fue que recibí una revelación de la cruz. Esta revelación me liberó del tormento y del temor que habían esclavizado mi alma y se convirtió por siempre en un ancla para mi fe. La revelación de la cruz y el pacto que Cristo hizo con Dios a favor nuestro es el fundamento para comprender su amor incondicional. El día en que yo recibí esta revelación lloré durante horas sobrecogida por su bondad, asombrada por completo ante su gracia.

Una cosa es ser tocado por el amor de Dios y disfrutar el experimentarlo, como me sucedió siendo una cristiana joven. Sin embargo, otra muy diferente es estar anclado por completo en la revelación inconmovible, inagotable de la doctrina de su amor incondicional. Jesús dijo: "...conoceréis la verdad, y la verdad os hará libres" (Juan 8:32). El día en que la revelación de la doctrina de la cruz llenó mi corazón fue el día en que supe que caminaría libre para siempre. Independientemente de las circunstancias que rodeen mi vida, a pesar de que pensamientos condenatorios asalten mi mente, ahora tengo una paz eterna para resistir. ¡Quedé anclada para siempre en su amor cuando comprendí la verdad del mismo! He sido comprada por sangre para un pacto eterno que nunca puede romperse. ¡Qué libertad trae esta verdad!

Este libro le presentará esa doctrina que cambia vidas y que sustenta vidas. Que pueda conocer la revelación de esta verdad tan dentro de su corazón que todo su ser quede lleno de la misma y anclado en ella para siempre. Lea las páginas siguientes con expectación y concéntrese a medida que el Espíritu Santo revele la doctrina más profunda y transformadora de la Biblia, la cruz y el pacto. Esta doctrina revela el verdadero corazón del amor inagotable de Dios. Él le ama con amor eterno, de verdad. ¡Ya lo verá!

¡Dios le escogió!

¡Dios lo quería! Usted no fue un error, a pesar de las circunstancias que rodearon su nacimiento. Tal vez sus padres no le planificaron o su concepción fue el resultado de un incidente desdichado. Usted necesita saber que, incluso en casos tan tristes como estos, Dios lo tenía en su corazón antes de la fundación del mundo. Él le planificó. Su mayor deseo era que usted fuera concebido y traído a una atmósfera bella y pura de amor y afecto por parte de sus padres. Lamentablemente, todos han sido destituidos de sus caminos perfectos debido a nuestra naturaleza pecadora e imperfecta. Dios planificó que usted entrara al reino del tiempo y cumpliera su propósito eterno para su vida. ¡Es divertido explorar el potencial que él tiene en usted!

De hecho, Dios quería tener una familia. Es por eso que la mayoría de las personas desean tener hijos, ese deseo viene de Él. La humanidad ha sido creada a su semejanza y por lo tanto, cuando usted descubre que tiene el deseo de tener hijos, sencillamente está identificándose con la pasión de Dios. Él quería hijos y es por eso que usted también (a menos que haya sido herido en el plano emocional o que tenga un llamamiento especial a permanecer soltero).

En el comienzo Dios creó árboles, flores, pájaros, peces, otros animales y una multitud de otras cosas terrenales y celestiales. Todo lo que creó le gustó y cada día veía que "era bueno" (Génesis 1:1-25). Aunque estaba muy complacido, todavía anhelaba una criatura hecha a su imagen, un objeto de su afecto para satisfacer el anhelo de su justo corazón.

En nuestro primer año de matrimonio mi esposo Ron y yo no tuvimos hijos. Sin embargo, teníamos dos perros. Aunque disfrutábamos nuestros perros y eran como familia, no satisfacían nuestro anhelo de tener hijos. Era bueno tener perros, pero no *tan* bueno. Había algo dentro de nosotros que decía: "Hijos, hijos, hijos". Ese anhelo era una idea pequeña de lo que el Señor sintió en su corazón por nosotros. Los perros y otras criaturas no fueron suficientes para Él. Aunque Él sintió placer al crearlos, ¡no satisfacían su deseo de tenerle a **usted**! El deseo apasionado de tenerle a usted ardía en su corazón. Al imaginarlo a usted Él decía: "Te añoro, deseo derramar mi profundo amor y bondad en ti".

Dios deseaba hijos profundamente, sin embargo, antes de que el hombre fuera creado Dios sabía que lo echaríamos todo a perder. No lo tomó por sorpresa, Él todo lo sabe. Por lo tanto, antes de crearnos siquiera él inició un plan para rescatar nuestras vidas del poder del pecado. La Biblia dice que esto es "redención". En realidad Él se ocupó del problema en lugar nuestro antes de que lo hubiéramos creado siquiera. "…del Cordero que fue inmolado desde el principio del mundo" (Apocalipsis 13:8). Los fracasos de la humanidad nunca han tomado a Dios por sorpresa, ¡y eso incluye los suyos!

Hace años yo le dije al Señor: "Yo no escogería tener hijos si supiera de antemano que van a rebelarse, traicionarme y deshonrarme. ¡Estaría mucho más feliz sin hijos así! ¿Por qué nos creaste entonces?".

Él me dio esta palabra clara: "Mi plan era demostrar a la humanidad que mi amor soportaría toda resistencia. Dejé que mi amor fuera probado de manera tal que ustedes supieran que siempre prevalecería y nunca sería quitado. Yo soy Amor. Cuando alguien decide tener una relación conmigo, nunca, nunca tendrá que dudar de mi amor por él o ella. Al saber que yo pasé cada prueba, se sentirán completamente seguros y ese es mi deseo".

Así es como Él le ama. ¿No es asombroso? ¿"Mirad cuál amor" es este (1 Juan 3:1)?

La cruz y el pacto

El plan de Dios es que usted tenga una relación eterna con Él que se establezca a través de un pacto. Un pacto es un acuerdo que obliga legalmente a dos personas o partes. Para que un pacto funcione debe haber integridad absoluta en la elaboración y cumplimiento de todos sus términos. Entrar en un pacto con una persona de integridad le da una sensación de protección, de seguridad.

Se supone que el pacto matrimonial sea así. Cuando usted promete ser fiel, cuidar y honrar el uno al otro, usted debe tener una sensación de pertenencia y unión con la otra persona. Ese es el propósito del pacto. Asegura la relación legalmente.

La humanidad no tiene un historial de cumplir pactos, y por tanto aquello que debiera ofrecer seguridad hace que muchos se sientan inseguros. Algunos ya ni siquiera se molestan en casarse porque no están seguros si van a durar o no. Esa es una razón por la que hay tantos desastres familiares en estos tiempos. Por todas partes hay pactos quebrantados, lo que se evidencia en el alto índice de divorcio en nuestro país. Dios, sin embargo, es un Dios que guarda los pactos. Él es íntegro y siempre cumple con los términos de los pactos que hace.

El uso original de la palabra *pacto* quería decir "donde fluye la sangre". Los pactos antiguos incluían siempre términos establecidos e intercambio de nombres, armas y recursos. Aquellos pactos casi siempre se consumaban al entremezclar la sangre. Al final de la ceremonia se servía la cena del pacto y comenzaba una celebración de la unión.

El pacto matrimonial es un pacto de sangre muy parecido a este. Hacemos nuestros votos delante de testigos (un intercambio de términos), intercambiamos nombres (por lo general la novia toma el nombre de su esposo), e intercambiamos nuestros recursos (los bienes de uno se convienen en bienes del otro, en la mayoría de los casos). Entonces el matrimonio se consuma mediante el acto sexual que rompe la membrana del himen (el derramamiento de sangre).

El plan del pacto de Dios para su relación con el hombre fue un pacto de sangre mediante la sangre de Cristo que se derramó por nosotros en la cruz. Él estableció los términos (mediante la ley y los profetas del Antiguo Testamento) y luego enmarcó un intercambio de nombres (Jesús dijo: "…pidan en mi nombre", Juan 14:13), un intercambio de armas (las armas y armadura de Jesús son nuestras), y un intercambio de recursos (todas nuestras necesidades son satisfechas en él).

En las civilizaciones antiguas un representante de la tribu hacía un pacto con el representante de otra tribu. Cuando los dos líderes hacían un pacto en nombre de sus pueblos, toda la tribu disfrutaba los beneficios del pacto. Eso fue lo que hizo Cristo por nosotros cuando representó a la humanidad en un pacto con Dios. Jesucristo fue, y es, el representante y líder de nuestro pacto. Es su responsabilidad como representante del mismo cumplir con todos los términos en lugar nuestro. A cambio, nosotros recibimos todas las bendiciones del pacto. ¡Tremendo!

¡Las buenas nuevas asombrosas!

Lo que estoy a punto de contarle es asombroso. Dios quería hacer un pacto con un hombre que nos garantizaría una relación con Él por toda la eternidad. Sin embargo, Él sabía que una vez que la humanidad cayera, nunca podríamos cumplir con un pacto. Era imposible porque nos llenamos de una naturaleza de pecado. Para cumplir con los términos de pacto Dios requería que el hombre tuviera un representante sin pecado que cumpliera con todas las condiciones, pero no se encontró ni una persona sin pecado. Por lo tanto, Él decidió llenar el puesto Él mismo. Decidió ocupar nuestro lugar en el pacto al hacerse hombre. Jesús, que era tanto hombre como Dios, en realidad estaba haciendo un pacto consigo mismo. Es así como Dios podría hacer un pacto eterno, inquebrantable e infalible con el hombre. Jesús, quien era completamente Dios, dejó el cielo y vino al mundo pecador como hombre para cumplir con este plan.

Muchos cristianos no comprenden esto. Yo oro para que hoy se le alumbre el bombillo a usted porque esta verdad es gloriosa. Cuando usted lo comprenda, adorará a Dios y le servirá con una entrega total por todo lo que Él ha hecho. Dios le ama mucho. Él desea una relación con usted hasta más de lo que usted la desea con Él. Él sabía que usted no podía cumplir con el pacto, así que decidió hacerse hombre y cumplir con ambas partes del pacto Él mismo. Jesús, el hijo de Dios y el Hijo del Hombre, hizo un pacto para incluirle a usted en una relación eterna porque usted mismo no podía hacerlo.

Cuando Él vino como hombre tuvo que cumplir con todos

los términos del pacto que estaban establecidos en la ley del Antiguo Testamento para el hombre. Si él no cumplía con cada punto de la ley o si cedía a la tentación solo una vez, no calificaría para cumplir con el pacto a nombre del hombre. Esto hubiera sido devastador para nosotros, pero había un riesgo aún mayor para Él. Se dice en la Escritura que Jesús es "el último Adán" (véase 1 Corintios 15:45). El primer Adán fue un hombre perfecto antes de la caída. Fue hecho a imagen y semejanza de Dios. Cuando cayó en la tentación, el gobierno y dominio que le habían sido dados fueron entregados a Satanás. Romanos 6:16 enseña que cuando nos sometemos al pecado, nos convertimos en esclavos del pecado. Eso fue lo que pasó con Adán cuando cedió a la tentación de Satanás y eso le hubiera pasado también al último Adán (Jesús), si caí incluso en la más mínima tentación. Solo un amor puro estaría dispuesto a correr riesgos como ese.

Jesús el hombre

Así como el primer Adán, Jesús tenía naturaleza de hombre, pero sin pecado. Él debía cumplir los requisitos del hombre en un pacto con la fuerza y las capacidades de un hombre. El Espíritu Santo vino sobre Él para capacitarlo así como el Espíritu Santo le capacita hoy a usted. Mediante el poder del Espíritu Santo, Jesús el hombre se mantuvo sin pecado a lo largo de toda su vida en la tierra. Usted necesita comprender que Él resistió el pecado con la fuerza de un hombre, con la fuerza del Espíritu Santo que le ayudaba. Más le vale creer que hubo una lucha enorme en su alma contra el pecado, a pesar de que era perfecto y sin pecado en su naturaleza. Él tuvo que luchar, así como el primer Adán pues, para restituir a la humanidad en su relación legítima con Dios, Él tenía que asegurar la victoria como hombre. Por último, Jesucristo, al final de su "curso sobre el pacto" sería reconocido no solo como un Dios perfecto sino como un hombre perfecto que se sentaría en el trono a la diestra de Dios. Todas las cosas en el cielo y la tierra al final se resumirían en Él.

No fue fácil para Cristo resistir al pecado. De hecho, en un momento su resistencia contra la tentación fue tan extenuante que sudó gotas de sangre (véase Lucas 22:44). Él lo hizo con la fuerza de un hombre para que usted no tuviera que hacerlo, porque usted no podría hacerlo. Todas las cosas que eran necesarias para que la humanidad hiciera un pacto con Dios se cumplieron mediante Jesucristo hombre. Jesús cumplió con toda la Ley y los profetas (véase Lucas 24:44).

Jesús calcula el costo

Me pregunto si, antes de la fundación del mundo, Jesús tuvo que preguntarse a sí mismo: "¿Cuán grande es mi amor? ¿Estoy dispuesto a realizar una obra de amor, bondad y misericordia por gente que ni quisiera me quiere? ¿Puedo amar tan profundamente que en realidad me convertiré en pecado por aquellos a quienes amo? ¿Estoy dispuesto a probar la muerte por ellos?". Él calculó el costo y por amor tomó una decisión pensando en usted, y dijo: "¡Pues sí! Ustedes lo valen todo para mí. Con gusto dejaré el cielo y pagaré el precio… con gozo".

Jesús llega a la tierra

María, una joven virgen concibió a Jesús mediante el poder del Espíritu Santo. Ella y José viajaron a Belén donde María se puso de parto. No había alojamiento disponible así que María dio a luz en un establo de animales y puso al bebé Jesús en un pesebre. ¿Qué manera de tratar al Salvador del hombre fue aquella? Sin un palacio, sin un tratamiento especial y casi nadie pudo percibir quién era (véase Lucas 1–2).

Tuvo que comenzar a pasar pruebas de amor de inmediato. Si él hubiera sido de los que se ofenden, pudiera haber pensando: "Bueno, hasta aquí. Voy a regresar al cielo. Traté de hacer algo bueno por ustedes, pero me trataron como a un animal y me pusieron en un pesebre". Sin embargo, Jesús no se ofendió sino que con tremenda humildad pasó la prueba de amor. A pesar de que era digno del trato más lujoso, no lo exigió ni lo esperó. Él vino para servir.

Herodes hasta trató de mandarlo a matar cuando era un bebé (véase Mateo 2:16), pero Jesús nunca dejó de amar. Nunca retiró el amor y nunca perdió la fe. ¿Qué haría usted si su única motivación fuera ayudar a las personas y de pronto ellos intentan matarle? Es probable que usted dijera algo así: "Yo no los necesito. Me iré a otro lugar". Pero el corazón de Jesús era diferente.

Comienza su ministerio

Pasó su infancia y comenzó su ministerio. Enseñaba como rabino en las sinagogas. Los líderes religiosos examinaban cuidadosamente sus enseñanzas. Ellos conocían las Escrituras y se consideraban expertos en la Palabra de Dios y su doctrina. Sin embargo, Jesús es la verdadera doctrina. Él es la Palabra viva. Él es la verdadera teología, no obstante, estos mismos líderes le llamaron blasfemo y hereje. Ellos intentaron presentar cargos en su contra (véase Mateo 22; Marcos 3; Juan 8). Esta es la manera en que ellos trataron al Dios verdadero.

¿Cómo se sentiría usted si fuera Dios? Usted está enseñando la verdad directo desde el cielo. Está hablando verdad porque usted es la verdad y la gente que usted vino a salvar dice: "Eres un mentiroso. Eres un engañador. Eres un hereje. Nos estás enseñando una falsa doctrina. Estás endemoniado". Los ataques al carácter como estos son mucho peor que decir simplemente: "Su teología está errada".

Yo misma he experimentado un poco de esa resistencia y debo decir que esas ocasiones son terribles. Todo dentro de mí quería retirarse. Sin embargo, Jesús nunca retiró su amor por nosotros, ni por un instante. En cada ocasión en que fue maltratado o que tuvo la oposición de un hombre, su amor una vez más pasó la prueba. Él dijo: "Nunca retiraré el amor y nunca dejaré de creer en lo que puede suceder en tu vida". Se mantuvo firme en la fe y en el amor a través de todos los maltratos.

Jesús escogió primero 12 discípulos y luego 72 más. Él derramó en ellos su tiempo y su vida al darles, enseñarles y ser su mentor, día tras día. Muchos otros también siguieron su ministerio. Su propia gente no siempre lo trató bien, pero a pesar de todas las decepciones que sufrió, nunca titubeó en su compromiso para con ellos.

Las pruebas más grandes del amor

El huerto de Getsemaní

Una de las luchas más intensas de Cristo fue en Getsemaní (*Getsemaní* significa "prensa de aceite"). Él enfrentó cada tentación que el hombre pudiera encontrar. Poderosas fuerzas del infierno lo agredían espiritualmente. Como se dijo antes, Jesús tenía que resistir al pecado como hombre, con la misma fuerza que el primer Adán. Usted estuvo en su corazón todo el tiempo. Él luchaba contra la tentación. La presión contra su alma era tan grande que sudó sangre para resistir al pecado (véase Lucas 22:44). Con cada gota de sangre que salía de sus capilares explotados, él decía: "Por ti, resistiré. No importa cómo sea. No importa lo doloroso que es. Se está midiendo la resistencia de mis emociones más allá de lo que pueda explicarse, pero todo es por ti. Todo es por ti".

Yo he enfrentado algunas batallas espirituales duras y he entablado guerra contra entidades demoníacas poderosas. Aunque esos tiempos fueron insoportablemente dolorosos, no eran nada en comparación con lo que Jesús experimentó. Sin embargo, estoy un poquito consciente del sentimiento aplastante que presiona sus emociones y su mente durante momentos así. En medio de este tipo de batalla es crucial mantenerse enfocado porque lo único que usted tiene para apoyarse es la Palabra de Dios. Todo lo demás que esté sucediendo en su vida parece contrario a la verdad y solo hay una opción: "Permaneceré en tu Palabra, Señor, a cualquier precio. Confiaré mi alma a tu cuidado". Es todo lo que usted tiene.

Al final de estas batallas sus emociones, los procesos de su pensamiento e incluso su cuerpo físico se debilitan, se fatigan y son frágiles. En ocasiones durante estas batallas intensas yo tuve que sacar fuerzas de Dios incluso para respirar. El impacto de dicha batalla es muy doloroso, ni siquiera puedo encontrar palabras para describirlo. Sin embargo, lo que yo experimenté sigue sin ser comparable a la presión que Jesús experimentó.

¿Cómo fue para Jesús cuando las hordas del infierno trataban de derribarlo? ¿Qué le motivó a soportar esta agonía? Dios no tenía que ponerse en esa situación. ¿Sabe por qué lo hizo? Fue por su amor hacia usted. Él dijo: "Estoy haciendo esto para cumplir con tu parte del pacto". Así de mucho Él le ama.

Solo por un instante olvídese de todas las demás personas sobre la faz de la tierra. Si solo quedara usted, él lo haría todo otra vez. En medio de la agonía de Getsemaní, usted estaba en la mente de Jesús. La idea de tenerle junto a Él durante toda la eternidad fue su motivación para seguir. Su rostro le dio la fuerza para continuar.

Traicionado por un amigo

Cuando Jesús se fue del huerto estaba débil y exhausto. Judas, uno de sus doce discípulos se le acercó y lo traicionó con un beso. A pesar de que Jesús sabía que Judas lo traicionaría, siguió llamándole "amigo". Él dijo: "Amigo, ¿a qué vienes?" (Mateo 26:50).

La traición es muy dolorosa. Si a usted lo han traicionado, sabe qué difícil es para sus emociones, pero ni siquiera la traición hizo que Jesús retirara su amor o su amistad. No hay nada que usted pueda hacer para que Él retire su amor. Usted puede tratar a Dios terriblemente, puede decirle que le deje tranquilo, pero Él nunca dejará de amarle. Él seguirá diciendo: "Te amo".

Abandonado y negado

No puedo imaginar cómo será estar en una batalla espiritual feroz y luego experimentar la traición de un amigo y compañero de trabajo muy cercano. Para colmo, todos sus seguidores huyeron cuando lo arrestaron. Cuando usted está pasando por un momento difícil, cuando le han acusado falsamente, usted quiere tener a alguien, aunque sea solo una persona, que esté a su lado. "¿Habrá aunque sea alguien que venga ahora a mi lado? ¿Habrá alguien que crea en mí? ¿Habrá alguien que me defenderá?" Jesús no tuvo ni siquiera uno. Sus propios discípulos, a quienes Él se había entregado durante tres años, todos huyeron atemorizados por temor a que sus reputaciones quedaran destruidas.

Cuando se llevaban a Jesús, Él escuchó a Pedro, uno de sus discípulos más cercanos, jurar: "...no lo conozco" (Lucas 22:57). Cuán doloroso debe haber sido para Jesús escuchar esa negación. Él sabía proféticamente, que Pedro lo haría, pero la presciencia no alivia la devastación emocional cuando el hecho realmente sucede.

"Pedro, yo te necesito ahora mismo. ¿Tienes tanto miedo por tu propia vida que ni siquiera admitirías que me conoces? Pedro, mírame a los ojos y ve mi dolor; mira mi amor. Me has negado, pero no puedes hacer que yo deje de amarte."

Su juicio

Se pagó a falsos testigos para que testificaran en la corte en contra de Jesús. ¡Eso es duro! Cuando usted sabe que alguien está mintiendo con relación a usted, la tendencia natural es a defenderse a sí mismo de inmediato. Sin embargo, Isaías 53:7 nos revela que Jesús fue como un cordero llevado al matadero, en silencio frente a sus trasquiladores, que no abrió la boca para defenderse. Se había propuesto en su corazón ofrecer un amor y misericordia incondicionales a los testigos mentirosos. "Pueden llenarse los bolsillos de dinero sucio, pero no podrán hacer que yo deje de amarles."

Lo dejaron desnudo, le pusieron una corona de espinas en la cabeza y se burlaron de Él abiertamente. Aunque usted y yo todavía no habíamos sido creados, estábamos allí, escondidos en el corazón de una humanidad depravada. Pudiéramos pensar que nunca le haríamos daño ni lo negaríamos, pero al igual que Pedro, puede que no entendamos la debilidad de nuestra carne. Es probable que cada uno de nosotros hubiera hecho lo mismo.

La humanidad probó duramente el amor de Cristo. Usted y yo hemos puesto a prueba su amor muchas veces y sin embargo, Él nunca nos ha abandonado ni nos ha quitado su amor. Nunca lo hará.

Golpeado y azotado

Jesús fue golpeado, escupido y burlado (véase Mateo 27). Su rostro fue golpeado violentamente, al parecer lo dejaron irreconocible. Una vez más, con cada puñetazo su respuesta solo era amor mientras contemplaba los ojos de sus torturadores.

Lo azotaron brutalmente con un látigo que tenía nueve tiras de cuero. Al final de cada tira había pequeños pedazos de metal afilado o de huesos. Cada golpe le proporcionaba nueve azotes. La creencia común era que cuarenta latigazos producirían la muerte. Bajo la ley romana Él podría haber recibido todavía más. La historia revela cual desgarraron la carne y que sus entrañas quedaron expuestas. Cada vez que el borde del látigo se clavaba en su carne, como una cuchilla, usted estaba en su corazón. Su rostro estaba constantemente delante de él. Usted fue el motivo por el cual pudo soportar tal hostilidad. Al mirar en el rostro de aquellos que cruelmente le azotaban Él hubiera dicho una y otra vez: "No pueden hacerme desistir de mi amor". Él se lo hubiera asegurado a usted también si hubiera sido su mano la que tuviera el látigo.

Crucificado

Jesús cargó la pesada cruz de madera que le arrojaron sobre su espalda. Debilitado por el dolor, subió tambaleándose la colina del Calvario. Una turba enfurecida le seguía, se burlaban de Él, lo ridiculizaban y le gritaban: "Crucifíquenlo, crucifíquenlo" (véase Mateo 27; Marcos 15; Lucas 23; Juan 19). Le clavaron las manos y los pies a la cruz y lo colgaron entre dos criminales que eran culpables. Estaban crucificando a un hombre inocente.

Para muchos parecía que a Jesús le estaban quitando la vida. Parecía que lo estaban derrotando, pero no le estaban quitando la vida, él la estaba entregando. El diablo no le quitó la vida a Jesús. Los falsos testigos no le quitaron la vida. Los judíos no lo mataron. Los romanos no lo mataron. Usted no lo mató. Nadie lo mató. Él libremente entregó su vida. Cuando usted ve a Jesús colgado en la cruz, lo que está viendo es al mismo amor colgado, un regalo de amor, un amor que fue completamente demostrado y probado en contra de todas las cosas que posiblemente pudieran oponérsele o destruirlo.

El amor estaba en esa cruz, desnudo, humillado, colgado y agonizando por el dolor. En medio de esta agonía, uno de los ladrones pidió ser salvo. Jesús no dudó. En su mayor necesidad, siguió dándose a sí mismo. Él pudiera haber dicho: "¿Cómo, que quieres que yo te haga un favor? ¿En serio? Yo no merezco estar aquí y tú sí. ¡Olvídate de eso, es demasiado tarde!".

Jesús no era así y no lo es. Él demostró su amor una vez más. "Claro. Te salvaré. De hecho, lo haré hoy mismo y estarás conmigo en el paraíso. Verás la gloria de mi salvación" (véase Lucas 23:43).

Al mirar desde su cruz Jesús vio a un grupo de personas, una multitud que se deleitaba en verle morir. "...si eres Hijo de Dios, desciende de la cruz" (Mateo 27:40). Su desquite misericordioso y amoroso fue: "Padre, perdónalos, porque no saben lo que hacen" (Lucas 23:34).

¿Se imagina? A veces nos resulta difícil perdonar a aquellos que nos hieren o nos ofenden. Piense en Jesús: una masa de gente enfurecida se alió contra Él, y usted estaba allí también, toda la humanidad estaba. Oh sí, Él vio su rostro en la multitud aquel día. Todos hemos pecado contra Él y, no obstante, Él dijo: "Padre, perdónalos a todos". Él perdonó los pecados de la humildad justo en ese momento. Él canceló la deuda del pecado. Solo el amor puro puede hacer eso.

Él fue todavía más allá y de hecho se convirtió en el pecado de la humanidad. Jesús decidió convertirse en pecado (véase 2 Corintios 5:21). Él escogió que el pecado de usted fuera derramado sobre Él para que así él pudiera derramar su justicia en usted. Él escogió convertirse en algo aborrecible que sería juzgado para que usted quedara libre de juicio.

¿Alguna vez le han maltratado, se han aprovechado de usted o han pecado en su contra? ¿No le produce una gran sensación ver al ofensor castigado, saber que está recibiendo su merecido? Pero el corazón de Jesús era diferente. Él dijo: "No, asumiré el castigo de tu pecado. Asumiré toda la responsabilidad. Quedas en libertad".

Hace varios años yo estaba en el campo misionero. Juzgué mal cierta situación y por lo tanto tomé algunas decisiones equivocadas. Mis acciones hirieron mucho a algunas personas. Cuando por fin vi la situación claramente, me sentí terriblemente apenada, abrumada y avergonzada. Pensé que debía haber actuado diferente, que no debía haber hecho eso. Era difícil para mí creer que no había visto la situación con sabiduría en un principio. Pedí perdón a una persona que salió especialmente herida en el proceso, pero la persona se negó a darme la misericordia inmerecida que yo tanto necesitaba.

Durante años después de eso se me hacía muy difícil perdonarme a mí misma. Un día estaba clamando al Señor en oración: "No permitas que mi fracaso siga hiriéndoles. No permitas que arruine sus vidas". Me sentía muy mal hasta lo último de mi ser.

El Señor me habló sobriamente:

—Tú no cometiste ese pecado. Tú no cometiste ese error.

Fui yo.

—¿Qué? ¡No, Señor! Tú nunca hiciste eso. Fui yo quien lo hizo.

—Yo lo hice —insistió Él.

—No, Jesús, tú no lo hiciste. Tú eres perfecto. Tú nunca le has hecho mal a nadie, ¡jamás!

—Yo llevé tus errores en la cruz hace más de 2,000 años —contestó él tiernamente—. Escogí asumir toda la responsabilidad de ese error para que tú quedaras libre. Hasta llevé el juicio del mismo. ¡Eres libre! Yo me convertí en ese pecado por ti y a cambio, te he dado justicia. Todo fue pagado en su totalidad. Si hay algún otro problema, la persona que sufre tendrá que venir a mí. Tú has sido totalmente liberada y justificada. ¡Tú nunca lo hiciste!

Yo rompí a llorar, las lágrimas de gratitud brotaban de muy dentro de mi ser. ¿Cómo no amar a un Dios que mostró tal grado de misericordia? Él me reveló claramente ese día que eso es lo que hizo por todos nosotros. A eso se le llama "substitución". Él literalmente tomó nuestro juicio y, a cambio, nos dio su vida y su justicia. ¿Cómo podremos entender esto por completo?

Para todas las personas y para todos los tiempos

El amor de Dios para nosotros hoy es el mismo que recibió la multitud pecadora a los pies de la cruz hace 2,000 años. Él realizó un intercambio eterno y dijo: "Ya no fueron ustedes los que pecaron, sino yo. Yo me he convertido en su pecado. Yo pagué la culpa. Asumo toda la responsabilidad. Ya no es problema de ustedes". El amor dio su vida por usted. ¡Usted es libre!

Morir en fe

Jesús, que le observa desde los portales del tiempo, murió en la cruz en amor y en fe. Él entregó el espíritu y dijo: "Consumado es" (Juan 19:30). Indefenso, pero con fe, entregó su vida a las manos de su Padre. Cuando Él se convirtió en su pecado, no tenía poder para levantarse de los muertos. Dios planeó la resurrección de Cristo antes de la fundación del mundo. Y Jesús creyó en él.

Después de su muerte, Jesús descendió a los lugares más bajos de la tierra (véase Efesios 4:9). Al tercer día, su Padre celestial lo levantó de los muertos. María y las otras mujeres, los discípulos y muchos otros lo vieron literalmente caminar la tierra luego de su resurrección (véase Hechos 1:3). Oh sí, ¡Él es la resurrección y la vida, el primogénito de los muertos! Cuando Él resucitó, tomó las llaves de la muerte y el infierno (véase Apocalipsis 1:18). Él le quitó al diablo su autoridad y lo desenmascaró. ¡Oh qué victoria eterna!

Jesucristo es para siempre la resurrección y la vida. Jesús ha invitado a todo el mundo a tener una relación eterna con Dios con simplemente recibirlo a Él como Salvador por fe. Toda la obra para la redención de la humanidad ha sido completada en Cristo, ¡consumada! Él lo hizo todo por nosotros. Lo único que nos queda por hacer es sencillamente creer. La identidad de la humanidad se encuentra en Jesús, aquel que lo logró todo por nosotros. Ningún hombre puede alardear de su propia capacidad para salvarse a sí mismo. Jesús pagó por completo la deuda que nosotros no podíamos pagar. Él logró cabalmente la obra que nosotros no podíamos hacer. ¡Toda la gloria sea para él!

Jesús caminó en la tierra 40 días después de su resurrección de los muertos y luego ascendió gloriosamente el cielo. Él está sentado para siempre a la diestra de Dios, por encima de todo principado, potestad y todo nombre que se nombra (véase Efesios 1:20-22). Estamos sentados con Jesús en los lugares celestiales cuando lo recibimos como nuestro Salvador (véase Efesios 2:6). Nuestra vida está escondida en Dios con Cristo (véase Col. 3:3).

Sellado en el pacto

Todo el que cree en Cristo tiene el don de la vida eterna, su vida abundante. Todo el que cree en Él ha sido sellado para siempre en el pacto, un contrato de amor con valor legal entre Dios y el hombre. Este pacto es un pacto eterno. Es imposible romperlo porque es entre Jesús-hombre y Jesús-Dios. Jesús nos ganó nuestro lugar mediante su propia vida sin pecado. Cuando usted cree en Él, ha sido salvado de la separación de Dios que crea el pecado. Su identidad como un hijo del reino no está en su propia capacidad para lograr algo. Está en la obra completada por Él, en su capacidad, tiempo pasado. ¡Está hecho! ¡Consumado es! De hecho, si fuéramos completamente honestos ahora mismo, usted es un fracaso total fuera de Cristo. Es imposible que pueda agradar a Dios con su propia fuerza, ¡completamente imposible! La única manera en que alguien puede agradar a Dios es al creer en Cristo.

Los brazos de Jesús están abiertos para todos los pecadores. Si usted recibe a Jesús como Salvador, entonces su identidad está en Él. Usted está en Cristo, una creación completamente nueva. Es uno con Él eternamente. Es una fe sencilla que le conecta con esta gloriosa salvación eterna. Eso es todo lo que usted tiene que hacer, simplemente creer. Nada más. Eso es todo. Efesios 2:8-9 dice: "Porque por gracia sois salvos por medio de la fe; y esto no de vosotros, pues es don de Dios; no por obras, para que nadie se gloríe".

¿Qué es esta gracia que nos salva? Es la influencia divina de Él en su vida. Es la decisión de Él de lograr todo por usted. Es su obra a favor de usted, un favor inmerecido. Usted no lo merece, yo no lo merezco. Nadie lo merece. Es favor inmerecido. Es la influencia de Él que viene a su corazón. Usted ha sido salvado por gracia mediante la fe.

Una fe sencilla es lo que le conecta con la obra gloriosa y completa de la cruz. Cuando usted establece esta "conexión de fe", se convierte en una creación completamente nueva. Segunda a los Corintios 5:17 afirma: "De modo que si alguno está en Cristo, nueva criatura es; las cosas viejas pasaron; he aquí todas son hechas nuevas".

Qué vida tan gloriosa se nos ha dado en Cristo, una vida completamente nueva, una relación eterna con el propio Dios. ¡Cristo hizo todo esto por usted! ¿Se da cuenta de cuán precioso es? Dios le ama con amor eterno... ¡de verdad que sí!

Tal vez usted ha leído este pequeño folleto y su corazón anhela convertirse en hijo de Dios. Es sencillo. A continuación aparece una oración breve. Si esta representa su deseo, ¿por qué no la hace con todo su corazón? Dios le va a escuchar. ¡Su regalo de amor y vida entrará en usted y su peregrinaje comenzará!

Padre celestial:

Vengo a ti reconociendo tu amor por mí. Creo que tú enviaste a tu hijo Jesucristo para morir en la cruz por mis pecados. Creo que Él pagó todo el castigo por mis pecados y que me ofrece vida eterna. Acepto el regalo de tu amor. Jesús, ven a mi corazón ahora mismo y hazme una persona completamente nueva por dentro. Gracias por perdonar mi pecado y por darme vida eterna. Recibo agradecido tu precioso regalo de amor. Amén.

Comienza su nueva vida

Cuando usted recibe a Jesús como su Salvador personal, la vida de Él entra en su espíritu. Ahora usted es lo que la escritura llama *nacido de nuevo* (lea Juan 3:1-9). Usted tiene la vida nueva de Cristo dentro de sí. Su pureza, amor, paz, verdad y bendición están ahora dentro de su espíritu. Usted es hermoso y perfecto por dentro.

Así como un bebé recién nacido necesita nutrición y cuidado, también lo necesitan los nuevos bebés en el Señor. La Biblia está llena de verdad que es como leche y alimento frescos para usted. Al leerla cada día, ésta le nutrirá y le revelará cosas maravillosas sobre el amor de Dios y sus caminos.

También debe conocer a otros cristianos que comprenden el amor de Dios. La comunión con otros seguidores de Jesús es divertida. Tome algún tiempo y visite algunas iglesias de su zona. El Espíritu Santo ahora habita en usted y Él le llevará a una buena comunión si usted se lo pide.

Como hijo de su Padre celestial, usted está invitado a comunicarse con Él mediante la oración. La oración es fácil, usted sencillamente le abre a Él su corazón. A Él le encanta contestar a sus deseos. Una enseñanza buena sobre la oración le ayudará a crecer en comprensión y a practicar las diversas formas en que puede comunicarse con Dios. La oración es algo muy poderoso que satisface mucho.

Toda la bondad de Dios le pertenece cuando usted está en Cristo… ¡así es que bébala toda! Usted ha sido llamado a una vida gloriosa y completa en Jesús. ¡Disfrútela!

Decreto (Folleto)

Folleto *de Patricia King permiso concedido para imprimir.*
Provisto por Extreme Prophetic Ministry
Copyright 2003, Patricia Rey.

Queridos amigos:

La poderosa Palabra de Dios es muy capaz de influir profundamente en su vida. En Cristo hay una alianza eterna e inquebrantable. Todas sus promesas son "Sí" y "Amén" (2 Corintios 1:20 RVR) para usted

La confesión diaria de la Palabra fortalecerá su hombre interior y preparará para toda buena obra. Las siguientes son algunas razones por las cuales se encuentra que la confesión de la Palabra es poderoso en nuestras vidas.

La Palabra de Dios:

- Es eterna en los cielos—Mateo 24:35
- No retorna atrás vacía—Isaías 55:11
- Enmarca la voluntad de Dios—Hebreos 11:3
- Envía ángeles—Salmo 103:20
- Trae la luz en la oscuridad—Salmo 119:130
- Es una lámpara a nuestros pies y lumbrera a nuestro camino—Salmo 119:105
- Asegura bendiciones—Efesios 1:3, 2 Pedro 1:3
- Es la semilla—Marcos 4
- Es nuestra arma de Guerra—Efesios 6, 2 Corintios 10:3-5
- Derriba mentalidades—2 Corintios 10:3-5
- Crea—Romanos 4:17
- Santifica—Juan 17:17; Efesios 5:26
- Fortalece el espíritu del hombre—Efesios 3:16
- Asegura las respuestas a la oración—Juan 15:7

Puede realmente disfrutar de una temporada de fortalecer y puede ser para siempre establecido en la manifestación de su gloriosa Palabra.

Visite nuestro sitio Web en www.extremeprophetic. com o póngase en contacto con nosotros por teléfono (llamada gratuita para Canadá y EE.UU.) 1-866-765-9286 o 250-765-9286.

En su victorioso servicio con usted,

Patricia King

Oración de Dedicación

Querido Padre Celestial, me dedico a ti este día, en espíritu, alma y cuerpo. Muéstrame todo pensamiento, palabra u obra que ha sido desagradable para ti. Pido la limpieza de todo pecado, según la promesa en tu Palabra que si yo confieso mi pecado, entonces tú serás fiel en perdonarme y limpiarme de toda mi maldad (1 Juan 1:9).

Al confesarme y decretar tu Palabra, que tu Espíritu Santo me ayude a ser un adorador apasionado, un amante de la verdad, y un niño fiel que traiga placer tu corazón recto.

Que pueda experimentar un fortalecimiento espiritual a través del poder de tu Palabra, porque tu Palabra no volverá vacía, sino que cumplirá con todo lo que ha sido enviada a hacer.

Concédeme un espíritu de sabiduría y de revelación en el conocimiento de Cristo, para la gloria de tu nombre y el Reino.

En el nombre de Jesús, oro. Amén. "Con todo mi

corazón te he buscado; No me dejes desviarme de tus mandamientos. En mi corazón he guardado tus dichos, Para no pecar contra ti" (Salmo 119:10-11).

Decreto

Alabanza y Adoración

Padre celestial, te adoro en espíritu y en verdad. Junto con el ejército del cielo, declaro:

¡Santo, santo, santo, Señor Dios Todopoderoso, quien era y es y ha de venir! Digno eres Señor, de recibir la gloria y el honor y el poder, porque tú creaste todas las cosas y por tu voluntad existen. ¡La bendición y la honra, la gloria y el poder sean al que está sentado en el trono, y al Cordero, para siempre, y siempre! ¡Santo, santo, santo, Jehová de los ejércitos; toda la tierra está llena de su gloria!

Tú, OH Señor estás sentado en tu trono alto y sublime, y tus faldas llenan el templo. Yo atribuyo la grandeza a ti, porque tú eres mi Dios y mi roca. Tus obras son perfectas, y todos sus caminos son justos. Tú eres un Dios de fidelidad y sin injusticia, justo y recto eres.

Te amo, Señor, Dios mío, con todo mi corazón, mente y fuerza. Tú eres el Señor, y no hay otro. No hay otro Dios fuera de ti. Yo glorifico tu santo nombre, y mi corazón se regocija en Ti. ¡Yo buscaré tu rostro cada vez más! Te bendigo, Señor, mi Dios. Tú eres muy grande. Te has vestido de honor y majestad.

Mientras yo viva, te alabaré. Cantaré alabanzas a ti mientras yo tengo mi ser. Las fuertes alabanzas a Dios estarán en mi boca y una espada de doble filo en mi mano.

¡Alabado sea el Señor!
¡Alabado sea el Señor de los cielos;
Alabadle en las alturas!
¡Alabadlo, todos sus ángeles;
Alabadle, todos sus ejércitos!
¡Alabadle, sol y luna;
Alabadle, todas las estrellas de la luz!
¡Alabadle, cielos de los cielos,
Y aguas que están sobre los cielos!

REFERENCIAS ESCRITURALES: Juan 4:24, Apocalipsis 4:8,11; 5:13, Isaías 6:3; Isaías 6:1; Deuteronomio 32:3-4, Isaías 45:5, Salmo 105:3-4; 104:1; 146:2; 149:6; 148:1-4.

Decreto

Amor eterno

El Señor me ama con un amor eterno y me ha prometido darme un futuro y una esperanza. Con bondad me ha llamado a sí mismo. Veo con cuidado la forma del amor que el Padre ha derramado sobre mí. Es a través de este amor que Él me ha llamado a ser Su amado hijo. Estoy completa y plenamente aceptado en

Él, mi Dios y Salvador.

Nada puede separarnos del amor de Dios que está en Cristo, mi Señor, no hay tribulación o angustia, no hay persecución, ni hambre, ni desnudez, ni peligro, ni la espada, ni los ángeles, ni principados, ni poderes, la muerte o la vida, ni lo presente ni lo venir absolutamente nada puede separarnos del amor de Dios que es en Cristo Jesús, mi Señor.

El amor de Dios hacia mí es paciente y amable. Su amor por mí todo lo sufre, todo lo cree, todo lo espera y todo lo soporta. Su amor nunca falla. Su amor por mí es tan rico que ha dado a su Hijo unigénito. Debido a esto, nunca me perderé, sino que tendré vida eterna con él. Como resultado del gran amor de Dios para mí, tengo un pacto indisoluble y eterno con él. A través de esta alianza de amor, Él ha puesto sus leyes dentro de mi corazón y por escrito sus mandamientos en mi mente.

He sido invitado a la mesa del banquete del Señor, y su bandera sobre mí es el amor! Su amor es mejor que el de los vinos más selectos. A través de su amor íntimo,

Me atrae y me invita a seguir después de Él. Yo soy leal y agradable Él. Estoy arraigado y cimentado en el amor, y soy capaz de comprender con todos los creyentes la anchura y la longitud, la profundidad y la altura de su gran amor. Me ha llamado para que conozcan ese amor rico que excede a todo conocimiento, para que pueda ser llenado con toda la plenitud de Dios. ¡Yo realmente soy el objeto de su profundo amor y cariño!

REFERENCIAS ESCRITURALES: Jeremías 31:3, 1 Juan 3:1, Efesios 1:6, Romanos 8:38-39, 1 Corintios 13:4,7-8; Juan 3:16; Hebreos 8:10; Cantar de los Cantares 1:2,4; 2:4; Efesios 1:18-19).

Decreto

¿Quién soy en Cristo?

Yo soy un hijo de Dios, Dios es mi Padre espiritual. (Ver Romanos 8:14-15, Gálatas 3:26, 4:6; Colosenses 1:12)

Soy una nueva creación en Cristo, las cosas viejas pasaron y todas son hechas nuevas. (Ver 2 Corintios 5:17).

Yo estoy en Cristo. (Ver Efesios 1; Gálatas 3:26,28)

Yo soy un heredero con el Padre y coheredero con Cristo. (Ver Gálatas 4:6-7; Romanos 8:17).

Estoy reconciliado con Dios y soy un embajador de la reconciliación para él. (Ver 2 Corintios 5:18-19).

Yo soy un santo. (Ver Efesios 1:1, 1 Corintios 1:2, Filipenses 1:1; Colosenses 1:2)

Yo soy hechura suya, creados en Cristo para buenas obras. (Ver Efesios 2:10).

191

Soy un ciudadano del cielo. (Ver Efesios 2:19;. Filipenses 3:20)

Soy miembro del cuerpo de Cristo. (Véase 1 Corintios 12:27).

Estoy unido al Señor y soy un espíritu es con él. (Véase 1 Corintios 6:17).

Yo soy el templo del Espíritu Santo. (Véase 1 Corintios 3:16; 06:19.)

Soy amigo de Cristo. (Véase Juan 15:15.)

Yo soy un esclavo de la justicia. (Ver Romanos 6:18).

Yo soy la justicia de Dios en Cristo (véase 2 Corintios 5:21).

Soy esclavo de Dios. (Ver Romanos 6:22).

Yo soy escogido y ordenado por Cristo a dar sus frutos. (Véase Juan 15:16.)

Soy un prisionero de Cristo. (Ver Efesios 3:1, 4:1).

Yo soy justo y santo. (Ver Efesios 4:24).

Estoy escondido con Cristo en Dios. (Ver Colosenses 3:3).

Yo soy la sal de la tierra. (Véase Mateo 5:13).

Yo soy la luz del mundo. (Ver Mateo 5:14.)

Yo soy parte de la vid verdadera. (Véase Juan 15:1-2).

Estoy lleno de la naturaleza divina de Cristo y escapar de la corrupción que hay en el mundo por la concupiscencia. (Ver 2 Pedro 1:4.)

Yo soy una expresión de la vida de Cristo. (Ver Colosenses 3:4).

Soy escogido de Dios, santo y amado tiernamente. (Ver Colosenses 3:12; 1 Tesalonicenses 1:4)

Soy un hijo de la luz. (Ver 1 Tesalonicenses 5:5).

Soy un participante de un llamamiento celestial. (Ver Hebreos 3:1).

Yo soy más que vencedor por medio de Cristo. (Ver Romanos 8:37).

Yo soy un partícipe con Cristo y comparto su vida. (Ver Hebreos 3:14).

Yo soy una de las piedras vivas de Dios, edificados en Cristo como casa espiritual. (Ver 1 Pedro 2:5.)

Soy un linaje escogido, real sacerdocio, nación santa. (Ver 1 Pedro 2:9.)

Soy enemigo del diablo. (Ver 1 Pedro 5:8.)

He nacido de nuevo por el Espíritu de Dios. (Ver Juan 3:3-6).

Yo soy un extranjero y extraño a este mundo. (Véase 1 Pedro 2:11.)

Yo soy un hijo de Dios que siempre triunfa en Cristo y libera su fragancia en cada lugar. (Ver 2 Corintios 2:14).

Estoy sentado en lugares celestiales en Cristo. (Ver Efesios 2:6).

Soy salvo por la gracia. (Ver Efesios 2:8).

Yo soy un recipiente de toda bendición espiritual en los lugares celestiales en Cristo. (Ver Efesios 1:3).

Yo soy redimido por la sangre del Cordero. (Ver Apocalipsis 5:9).

Yo soy parte de la Esposa de Cristo y estoy preparándome para él. (Ver Apocalipsis 19:7).

Soy un verdadero adorador del Padre, que adora en espíritu y en verdad. (Ver Juan 4:24).

Decreto

Victoria

Soy un hijo del Dios viviente. Yo soy un heredero de Dios y coheredero con Cristo Jesús. Soy una nueva creación en Jesús, las cosas viejas pasaron y todas son hechas nuevas. Soy un linaje escogido, real sacerdocio, nación santa.

No estoy bajo la culpabilidad o la condena. Me niego al desaliento, porque no es de Dios. Dios es el Dios de todos los ánimos. Ahora, pues, ninguna condenación para los que están en Cristo Jesús. La ley del Espíritu de vida en Cristo Jesús me liberó de la ley del pecado y la muerte. No escucho a las acusaciones de Satanás porque él es un mentiroso, el padre de la mentira. Ciño mis lomos con la verdad. El pecado no tiene dominio sobre mí.

Yo he de huir de la tentación, pero si peco, tengo un abogado ante el Padre, que es Jesucristo. Confieso mis pecados, y los abandono, y Dios es fiel y justo para que me perdone y me limpie de toda maldad. Estoy limpiado por la sangre del Cordero. Soy un vencedor, a causa de la sangre de Jesús y la palabra de mi testimonio.

Ninguna arma forjada contra mí prosperará, y voy a refutar toda lengua que se levanta contra mí en el juicio. Mi mente es renovada por la Palabra de Dios.

Las armas de mi milicia no son carnales, sino poderosas en Dios para la destrucción de fortalezas. Echo fuera toda imaginación y toda altivez que se levanta contra el conocimiento de Cristo. Puedo llevar cautivo todo pensamiento a la obediencia a la verdad.

Soy aceptado en el Amado. Mayor es el que está en mí que el que está en el mundo. Nada puede separarnos del amor de Dios que es en Cristo Jesús, mi Señor. Yo soy la justicia de Dios en Cristo Jesús. Ya no soy esclavo del pecado, sino de justicia. Sigo en su Palabra. Yo conozco la verdad y la verdad me hace libre. Debido a que Cristo me ha liberado, soy verdaderamente libre. He sido librado de la potestad de las tinieblas y ahora estoy permanentemente en el Reino de Dios.

No soy intimidado por las mentiras del enemigo. Él está derrotado. Para este propósito Cristo vino al mundo, para destruir las obras del maligno. Me someto a Dios y resisto al diablo. El enemigo huye de mí con terror, porque el Señor vive poderosamente en mí. El diablo no tiene ninguna oportunidad. Yo no doy lugar para el miedo en mi vida. Dios no me ha dado un espíritu de temor sino de amor, de poder y de dominio propio. Terror no te acerques a mí, porque el Señor es la fortaleza de mi vida y Él siempre me hace triunfar en Cristo Jesús.

En Cristo, yo soy la cabeza y no la cola. Estoy por encima y no debajo. Caerán a mi lado mil y diez mil a mi diestra, sin embargo, no habrá quien me toque. Estoy sentado con Cristo en los lugares celestiales, muy por encima de todo principado y potestad. Se me ha dado el poder de pisar sobre serpientes y escorpiones y sobre toda fuerza del enemigo, y nada me dañará. El enemigo ya no me oprime. Yo le derroté por la autoridad que Cristo me ha dado. Yo soy más que vencedor por medio de Cristo.

REFERENCIAS ESCRITURALES: Romanos 6:16; 8:1-2,17,32,37,39; 12:2; 2 Corintios 2:14; 5:17,21; 10:3-5; 1 Pedro 2:9; Juan 8:36,44; Efesios 1:6,20-21; 4:27; 6:14; 1 Juan 1:9; 2:1; Apocalipsis 12:11;, 3:8 Isaías 54:17; Colosenses 1:13; Santiago 4:7; 2 Timoteo 1:7; Salmo 27:1; Deuteronomio 28:13, Salmo 91:7; Lucas 10:19.

Decreto

Sabiduría

Jesucristo se ha convertido en sabiduría, justicia, santificación y redención para mí. Porque Cristo vive en mí, conozco la sabiduría y la instrucción. Mi Dios me ha dado un espíritu de sabiduría y de revelación en el conocimiento de Cristo. Cuando me falta la sabiduría, le pido con fe y me la da generosamente. Esta es la sabiduría celestial, que es primeramente pura, después pacífica, amable, de fácil ruego, llena de misericordia y de buenos frutos, firme, y sin hipocresía.

Yo discierno los dichos del entendimiento, y recibo instrucción en sabia conducta, justicia y equidad. Camino en el temor del Señor, que es el principio de la sabiduría. Jesús derrama su Espíritu de sabiduría sobre mí y hace que conozca sus palabras de sabiduría.

Puedo recibir los dichos de la sabiduría, y atesoro los mandamientos del Señor dentro de mí. Mi oído está atento a la sabiduría, e inclino mi corazón a la comprensión. Clamo por el discernimiento y levanto mi voz para el entendimiento. Busco la sabiduría como a la plata y la deseo como a tesoros ocultos. Debido a esto, voy a discernir el temor del Señor y descubrir el conocimiento de Dios. El Señor me da la sabiduría.

De su boca viene el conocimiento y la comprensión. Él guarda palabras de sana sabiduría para mí. Él es un escudo para mí, y él guarda mi camino con la justicia y conserva mi camino. La sabiduría entra en mi corazón y el conocimiento es agradable para mi alma. La discreción me guarda, y el entendimiento me observa para librarme del camino del mal.

No dejo que la bondad y la verdad me dejen. Las ato alrededor de mi cuello y escribo en la tabla de mi corazón, por lo que he hallado gracia y buena reputación con Dios y el hombre. Confío en el Señor con todo mi corazón, y no me apoyo en mi propio entendimiento. En todos mis caminos lo reconozco, y él hace recta mis sendas. Soy bendecido, porque encontré la sabiduría y gané la comprensión.

Tengo una larga vida, plena, porque está en la mano derecha de la sabiduría, y tengo las riquezas y el honor que se encuentran en la mano izquierda de la sabiduría. Porque amo a la sabiduría, todas mis sendas son paz y agradable mis caminos. La sabiduría es un árbol de la vida que tomo, y estoy feliz porque tengo el ayuno. Heredo el honor, por mi amor por la sabiduría, y bendita es mi morada.

Puedo adquirir sabiduría y entendimiento. No abandono la sabiduría, por lo tanto, la sabiduría es la guardia. Me encanta la sabiduría y soy vigilado. Porque el premio de abrazar la sabiduría, exalta la sabiduría y me honra. Sabiduría coloca una guirnalda de gracia en mi cabeza y me presenta con una corona de belleza. Llamo a la sabiduría mi hermana y a la comprensión mi amigo íntimo.

Porque amo a la sabiduría, riquezas y honra están conmigo, aguantando la riqueza y la justicia. La sabiduría me dota de riqueza y llena mis tesoros. Puedo escuchar a la sabiduría y veo diariamente a sus puertas. Puedo comer alimentos de la sabiduría y bebo del vino que ha mezclado. Abandono la locura y vivo. Procedo en forma correcta. Cuando hablo, hablo cosas nobles, y la apertura de mi boca produce cosas buenas. Mi boca pronuncia verdad. Todas las palabras de mi boca son en justicia, porque me paseo por el camino de la sabiduría.

LAS ESCRITURAS REFERENCIAS: 1 Corintios 1:30; Efesios 1:17, Santiago 1:5, 3:17; Proverbios 1:2-3,7,23; 2:1-12; 3; 4:5-9; 7: 4; 8:6-8; 9:5-6.

Decreto

Provisiones y recursos

Busco primero el Reino de Dios y su justicia, y todas las cosas que necesito, me son añadidas, pues mi Padre Celestial sabe lo que necesito, incluso antes de pedir. No temo, porque es la buena voluntad de mi Padre darme el Reino.

Reconozco que todas mis necesidades se cumplen de acuerdo a sus riquezas en gloria en Cristo Jesús. La gracia y la paz se multiplican para mí a través del conocimiento de Dios y de Jesús, mi Señor. Su poder divino que me ha dado todas las cosas que pertenecen a la vida y a la piedad, mediante el conocimiento de aquel que me ha llamado a la gloria y la virtud. Bendito sea el Dios y Padre de mi Señor Jesucristo, que me ha bendecido con toda bendición espiritual en lugares celestiales en Cristo. El Señor es sol y un escudo para mí y me dará la gracia y la gloria. Nada bueno me niega mientras camino rectamente.

Elijo sembrar abundantemente, por lo tanto, yo segaré. Le doy al Señor, a su pueblo, y para los necesitados como propósito en mi corazón para dar. Yo no doy de mala gana o por obligación, porque mi Dios ama al dador alegre. Dios hace que toda gracia abunde en mí, siempre tengo suficiente para que todas las cosas, para que abundéis para toda buena obra.

El Señor me suministra la semilla para sembrar y el pan para la comida. Asimismo, suministra y multiplica mi semilla para la siembra y aumenta los frutos de mi justicia. Estoy enriquecido en todo con gran abundancia, lo cual trae mucha acción de gracias a Dios.

Puedo traer mis diezmos al almacén del Señor, de modo que haya carne en su casa. Como resultado, él abre las ventanas del cielo y derrama una bendición para mí, así que no hay espacio suficiente para contenerla. Él reprende al devorador por mí, para que no destruya los frutos de mi tierra y tampoco mi vid dé sus uvas antes de la hora. Todas las naciones me llamarán bienaventurado, porque voy a tener una vida agradable. Soy bendecido, porque considero los pobres. Porque doy libremente a los pobres, nunca voy a necesitar. Mi justicia permanece para siempre.

Recuerdo al Señor mi Dios, porque Él es quien me da el poder para hacer que la riqueza de Él pueda confirmar su pacto. Debido a que Jesucristo, mi Salvador diligentemente ha escuchado la voz de Dios y obedeció todos sus mandamientos, el Señor me pondrá en alto sobre todas las naciones de la tierra y todas las bendiciones en el Reino vendrán sobre mí y me alcanzarán. Cristo se hizo pobre a fin de que por su pobreza yo pueda llegar a ser rico.

Jesús vino para que yo tenga vida en abundancia. Me siento muy bendecido y favorecido de Dios y he sido llamado a ser una bendición para otros.

Referencias escriturales: Mateo 6:33; Filipenses 4:19; Lucas 12:32; 2 Pedro 1:2,3; Efesios 1:3; Salmo 84:11, 2 Corintios 8:9; 9:6-11; Salmo 41:1; 112:1a, 9; Proverbios 28:27; Deuteronomio 8:18; Malaquías 3:8-12; 28:1,22; Juan 10:10; Génesis 12:2.

Decreto

Por un carácter cristiano

Yo soy la luz del mundo. Una ciudad asentada sobre un monte no se puede esconder. Dejo que mi luz brille ante los hombres para que vean mis buenas obras y glorifiquen a mi Padre que está en el cielo. La gracia y la paz se multiplican a mí a través del conocimiento de Dios y de Jesús, mi Señor. Su poder divino me ha concedido todo lo que se refiere a la vida y a la piedad.

Él me ha dado más promesas grandes y preciosas. Yo vivo por estas promesas para poder ser partícipe de su naturaleza divina, habiendo huido de la corrupción que hay en el mundo por la concupiscencia. Además de esto, le doy toda la diligencia y añado a mi fe virtud, y a la virtud conocimiento y al conocimiento templanza, y a la templanza paciencia y la paciencia piedad. A la piedad, agrego afecto fraternal y al afecto fraternal amor. A medida que estas cosas están en mí, nunca me dejarán estar ociosos ni estéril en el conocimiento de mi Señor Jesús.

Elijo andar como es digno del Señor en todos los aspectos, llevando fruto en toda buena obra y creciendo en el conocimiento de Dios. Doy gracias a mi Padre Celestial que me ha hecho ser un participante de la herencia de los santos en la luz. Él me ha librado de la potestad de las tinieblas y me ha trasladado al reino de su amado Hijo, en quien tenemos redención por su sangre, el perdón del pecado.

Yo soy un imitador de Dios, como un niño querido. Camino en el amor. La fornicación y toda inmundicia y la codicia no tienen parte en mi vida, ni palabras deshonestas, ni hablar palabras vanas o tontas, que no convienen, sino más bien la acción de gracias. Ninguna palabra corrompida salga de mi boca, pero sólo lo que es edificante, a fin de dar gracia a los oyentes. No voy a entristecer al Espíritu Santo de Dios por el cual he sido sellados para el día de la redención.

Elijo caminar en humildad de la mente y estimo a los demás como mejores que a mí mismo. Espero no con mis propios intereses sino también a los intereses de los demás. Me hago del buen camino y tomo forma de siervo.

Espero en el Señor y dejo que la integridad y rectitud me guarden. Jesús es un escudo para mí, porque ando en integridad. Yo habito en las cosas que son ciertas, honorables, justas, puras, amables, de buena reputación, excelentes y dignas de alabanza.

Como hijo de Dios, estoy enteramente preparado para toda buena obra. Considero que la forma de provocar a los demás es con amor. Me puso un corazón de compasión, bondad, humildad, mansedumbre y paciencia, porque yo soy hechura suya, creados en Cristo Jesús para buenas obras, las cuales Dios preparó de antemano para que anduviésemos en ellas.

Soy paciente y amable. Yo no soy celoso. No me jacto y no soy arrogante. No hago nada indebido y no busco mi propio camino. Yo no me irrito y no tomo en cuenta el mal recibido. No me gozo de la injusticia, sino que me regocijo con la verdad. Todo lo aguanto, todo lo espero, y soporto todas las cosas. El amor de Jesús en mí no falla.

REFERENCIAS ESCRITURALES: Mateo 5:14-16; 2 Pedro 1:2-8, Efesios 2:10; 4:29-30; 5:1-5; Colosenses 1:9-14; Filipenses 2:3; 3:12-7; 4:8; 1 Corintios 13:4-8, 2 Timoteo 3:17; Hebreos 10:24.

Decreto

Por la fuerza espiritual

Soy fuerte en el Señor y en el poder de su fuerza. Me pongo la armadura de Dios. En Cristo yo pueda hacer todas las cosas, porque él me fortalece.

El Señor es mi fortaleza y mi escudo. Mi corazón confía en él y me ayudó, por lo que mi corazón se regocija, y con mi canción yo le doy las gracias. Él es mi fortaleza y mi defensa, ahorro en tiempo de angustia. La gracia del Señor Jesucristo está con mi espíritu.

Me acumulan en mi santa fe, orando en el Espíritu Santo. Como hago esto, me mantengo firme en el amor de Dios. Mi Dios me impide caer y me presenta sin mancha y sin arruga en presencia de mi Padre Celestial con muy grande gozo.

Mi socorro viene del Señor que hizo el cielo y la tierra. Él no permitirá que mi pie resbale, y no se dormirá el que me guarda. El Señor es mi guardián. El Señor es mi sombra a mi mano derecha. El sol no me fatigará de día ni la luna de noche. El Señor me protege de todo mal. Guarda mi alma, y Él guarda mi salida y mi entrada, desde ahora y para siempre.

Cuando paso por el valle de lágrimas, el Señor lo cambia en fuente para mí. Voy de fuerza en fuerza en el Señor. El Señor Dios es un sol y un escudo para mí. Me da gracia y gloria y nada bueno me niega. Soy bendecido, porque confío en él.

Mi Padre Celestial me concede, según las riquezas de su gloria, la capacidad de ser fortalecido con poder por su Espíritu en mi hombre interior, para que Cristo habite en mi corazón por la fe, y que, siendo arraigado y cimentado en el amor, pueda ser capaz de comprender con todos los creyentes, cuál es la anchura, la longitud, la altura y profundidad, y conocer el amor de Cristo que excede a todo conocimiento, para que pueda ser lleno con toda la plenitud de Dios.

No pierdo el ánimo de hacer el bien, porque en su momento voy a cosechar si no desmayo. Mi ojo es único, por lo tanto todo mi ser está lleno de luz. Yo estoy firme, inmovible, siempre creciendo en la obra del Señor, sabiendo que mi trabajo no es en vano en el Señor. Dios es mi gran fortaleza y me pone en su camino.

Por él, puedo ejecutar a través de una tropa y puedo saltar por encima de una pared. Él es un escudo, por eso me refugio en él. Él hace mis pies como de ciervas y me hace andar en mis alturas. Él adiestra mis manos para la batalla puedo tensar con mis brazos el arco de bronce. Él me ha dado el escudo de su salvación y su ayuda y la fuerza que me ha engrandecido. Persigo a mis enemigos y los destruyo, porque el Señor me ha ceñido de fortaleza para la batalla.

El Señor me da fuerzas cuando estoy cansado, y cuando me falta fuerza, Él aumenta el poder. Espero en el Señor y renuevo mis fuerzas. Yo levanté alas como las águilas. Corro y no me canso, me paseo y no desmayar.

REFERENCIAS ESCRITURALES: Efesios 6:10, Filipenses 4:13; Salmo 28:7-8; 37:39; 84:5-7,11; 121; Filipenses 4:23; Judas 1:20-21,24; Efesios 3:16-19, Gálatas 6:7-9, Mateo 6:22; 1 Corintios 15:58, 2 Samuel 22:30-40, Isaías 40:29-31.

Decreto

Facultado para Ir

Yo recibiré la fuerza del Espíritu Santo cuando venga sobre mí para ser testigo del Señor, hasta los confines de la tierra. En el nombre de Jesús, voy por todo el mundo a predicar el evangelio a toda criatura.

Estas señales me siguen cuando voy, porque creo que: En el nombre de Jesús, yo echo fuera los demonios, hablaré nuevas lenguas, tomo en las manos serpientes, y si bebo un veneno mortal, no podrá hacerme daño. Al poner las manos sobre los enfermos, procederán a sanarse. Voy a predicar por todas partes, y el Señor confirmará la Palabra que predico con señales que siguen. Cuando vaya, iré en la plenitud de la bendición del evangelio de Cristo.

Las obras que Jesús hace, las hago también en su nombre, e incluso mayores obras hago, porque Él ha ido al Padre. Mayor es el que está en mí que el que está en el mundo. Jesús me ha dado poder sobre toda fuerza del enemigo. Él me ha dado poder sobre los espíritus inmundos para expulsarlos y me ha permitido sanar toda enfermedad y toda dolencia.

Cuando vaya, voy a predicar, diciendo: "El Reino de los Cielos está cerca." Voy a curar a los enfermos, limpiar leprosos, resucitar a los muertos. Voy a echar fuera demonios. Libremente he recibido, por lo que libremente daré. El Señor me concede libertad para hablar su Palabra. Se extiende Su mano hacia mí para curar y que los signos y prodigios haré a través del nombre de Jesucristo. Su Espíritu se ha derramado sobre mí y me profetiza.

Todo el poder en el cielo y en la tierra se ha dado a Cristo Jesús. Voy a ir en su nombre y enseñaré a todas las naciones, bautizándolos en el nombre del Padre, del Hijo y del Espíritu Santo. Voy a enseñarles a obedecer todo lo que Jesús me ha enseñado. Jesús está conmigo, hasta el fin del mundo. Él me ha llamado a sí mismo y me ha dado poder y autoridad sobre todos los demonios y para curar enfermedades. Me ha enviado a predicar el Reino de Dios y a sanar a los enfermos. A medida que avanzo, Jesús prepara el camino con su favor, porque el Señor rodea sus justos con buenos ojos como un escudo. Él envía a sus ángeles delante de mí para velar por mis caminos y me llevan, no sea que me caiga.

Al igual que Jesús, he sido ungido con el Espíritu Santo y con poder. Voy a ir haciendo bien y sanando a todos los que están oprimidos por el diablo, porque Dios está conmigo. Él me ha ungido para dar buenas nuevas a los pobres. Me ha enviado a proclamar la liberación a la los cautivos y la vista a los ciegos, a poner en libertad a todos los que son oprimidos y proclamar el año favorable del Señor.

Me levanto y brillo, porque mi luz ha llegado y la gloria del Señor amanece sobre mí. La oscuridad cubrirá la tierra y oscuridad los pueblos, pero el Señor ha nacido sobre mí y su gloria aparecerá sobre mí. Las naciones vendrán a mí la luz de Cristo y los reyes al resplandor de mí en aumento.

Mi palabra y mi predicación no son con

palabras persuasivas de humana sabiduría, sino en la manifestación del Espíritu y de poder, que la fe de aquellos que predican que no esté fundada en la sabiduría de los hombres, sino en el poder de Dios pues el Reino de Dios no consiste de palabra sino de poder.

El Señor me concede, de acuerdo a sus riquezas en gloria, el ser fortalecido con poder por su Espíritu en mi hombre interior, de acuerdo a la potencia de su gloria, para toda paciencia y longanimidad. Yo trabajo de acuerdo a su poder que obra poderosamente en mí.

Yo no predico a mí mismo sino a Cristo Jesús como Señor y de mí mismo como un siervo de Cristo y su Cuerpo, por el amor de Jesús. Por Dios que dijo: "La luz brillará de las tinieblas", es el que ha resplandecido en nuestros corazones, para iluminación del conocimiento de la gloria de Dios en el rostro de Cristo. Tengo este tesoro en una vasija de barro, para que la excelencia del poder sea de Dios y no de mí mismo.

Por tanto, al Rey eterno, inmortal, invisible, al único y sabio Dios, que es capaz de hacer mucho más abundantemente de todo lo que podía pedir o pensar, según el poder que actúa dentro de mí, sea honor y gloria por los siglos de los siglos. Amén.

REFERENCIAS ESCRITURALES: Hechos 1:8, 10:38, Marcos 16:15-21; Romanos 15:29; Juan 14:12; 1 Juan 4:4; Lucas 4:18; 10:1-2,19; Mateo 10:1,7; 28:18-20, Hechos 4:29-30; Salmo 5:12; 2:17-18; 60:1-3 Isaías 91:11, 1 Corintios 2:4, 4:19; Efesios 3:16,20; Colosenses 1:11,29; 2 Corintios 4:5-6, 1 Timoteo 1:17.

Decreto

Salud y Sanación

Yo alabo al Señor con todo lo que está dentro de mí y no olvido ninguno de sus beneficios. Él perdona todos mis pecados y sana todas mis enfermedades, quien libra mi vida del sepulcro y yo con el amor y la compasión. Jesús satisface mis deseos con cosas buenas, de modo que mi juventud se renueva como el águila.

El Señor me trae a la salud y la sanidad. Él me cura y me permite disfrutar de abundante paz y seguridad. El Sol de justicia, surge para mí con sanidad en sus alas, y salgo y salto como un ternero liberado de la plaza. Jesús llevó mis pecados en su cuerpo sobre la cruz, para que yo, estando muertos a los pecados, viva a la justicia. Por sus llagas fui curado. En mis días, así será mi fortaleza.

Jesús envió su palabra y me curó, Él me rescató de la tumba. Cuando clamo, el Señor me escucha, Él me libra de todas mis angustias. El Señor está cerca de mí cuando estoy con el corazón roto y me salva cuando estoy de espíritu abatido. Él no me ha dado un espíritu de cobardía, sino de amor, poder, y una mente sana.

A veces puedo tener muchos problemas, pero el Señor me librará de todos ellos, Él protege todos mis huesos; ni uno solo de ellos será quebrantado. Yo soy como un olivo verde en la casa de Dios, confío en la misericordia de Dios para siempre jamás.

Cuando los siervos del Señor ponen en mi sus manos me puedo recuperar, y cuando estoy enfermo, llamo a los ancianos que oren por mí, me ungen con aceite en el nombre del Señor. La oración de la fe me salva, y el Señor me levanta.

La ley del espíritu de la vida en Cristo Jesús me liberó de la ley del pecado y la muerte. Jesús es la Resurrección y la Vida. Porque yo creo en él, voy a vivir por toda la eternidad. En Cristo vivo y muero y tengo mi ser.

Porque yo habito en el refugio del Altísimo y el resto a la sombra del Omnipotente, yo le digo al Señor: "Tú eres mi refugio y mi fortaleza, mi Dios, en quien confío." Ciertamente Él me salvará de la trampa del cazador y de mortíferas plagas. Él me cubre con sus plumas, y debajo de sus alas encuentro refugio; su fidelidad es mi escudo y baluarte. No temeré el terror de la noche, ni la flecha que vuela de día, ni la peste que acecha en la oscuridad, ni la plaga que destruye a mediodía. Aunque caigan mil a mi lado y diez mil a mi mano derecha, no se acercarán a mí. Sólo observo con los ojos para ver el castigo de los impíos. Porque hice al Altísimo mi morada, el Señor, que es mi refugio, entonces nada malo me va a ocurrir, ninguna calamidad llegará cerca de mi carpa. Él mandará a sus ángeles para que me guarden en todos mis caminos, me van a levantar en sus manos para que no tropiece mi pie contra una piedra. Voy a andar sobre el león y la cobra, yo pisaré el gran león y la serpiente. Porque el amor del Señor, me rescata y me protege de todo accidente, daño, enfermedad, y la enfermedad. Él está conmigo en problemas y me entrega. Con una larga vida me satisface y me muestra su salvación.

Porque considero a los pobres, el Señor me librará en tiempos de problemas. El Señor me va a proteger y mantener con vida, y voy a ser bendecido en la tierra. Él no me da más a la voluntad de mis enemigos. El Señor me sostiene en mi lecho de enfermo, en mi enfermedad, él me va a devolver a la salud.

REFERENCIAS ESCRITURALES: Salmo 34:17-20; 41:1-3; 52:8; 103:1-3; 91; Deuteronomio 33:25; 107:20 Jeremías 33:6, Malaquías 4:2, 1 Pedro 2:24; Deuteronomio 33:25, Romanos 12:1; Juan 11:25-26; 2 Timoteo 1:17; Marcos 16:18; Santiago 5:14-15.

Decreto

Para los negocios y el lugar de trabajo

En mi negocio o lugar de trabajo estoy rodeado de favor como un escudo. Me levanto y brillo, para mí la luz ha llegado. Los ricos del pueblo suplican a mi favor. En Cristo, que no muestra ningún defecto, sino en función de la inteligencia en todas las ramas de la sabiduría, ser dotado de entendimiento y conocimiento más exigentes. El Señor me da el conocimiento de las invenciones ingeniosas y me hace crecer en sabiduría, en estatura y en gracia delante de Dios y el hombre.

En mi negocio o lugar de trabajo, yo soy la cabeza y no la cola. Estoy por encima y no debajo. El Señor manda bendiciones sobre mi negocio / lugar de trabajo, y cada proyecto que puse mis manos, prospera.

Establezco mi negocio y lugar de trabajo como santo a sí mismo.

Mi negocio / lugar de trabajo no se somete al sistema mundial de Babilonia, sino que sostiene el Reino de Dios y su justicia. La integridad del Señor guía en mi negocio. El Señor mira a mi negocio / lugar de trabajo con sentido y hace que sea fructífero, multiplicar su productividad.

Ninguna arma forjada contra mi negocio / lugar de trabajo prospera. Cada lengua que se levanta contra él en el juicio que condeno. El Señor es un muro de fuego alrededor de mi negocio / lugar de trabajo, y su gloria está en medio de ella.

El Señor me lleva con su presencia, y me da descanso. Él hace que la bondad pase delante de mi negocio / lugar de trabajo. Su bondad y misericordia me acompaña todos los días de mi vida.

Paz, unidad, amor, integridad, honor, y servicio son los valores piadosos que prevalecen en mi negocio / lugar de trabajo.

Yo decreto que Jesucristo es el Señor de mi vida, los negocios y el lugar de trabajo!

REFERENCIAS ESCRITURALES: Salmo 5:12, Isaías 60:1; Daniel 1:04; Salmo 45:12 Deuteronomio 28:1-13; Apocalipsis 18:4; Proverbios 11:3; Isaías 54:17; Levítico 26:9; Zacarías 2:5; Éxodo 33:14,19; Salmos 23:06.

Decreto

Para Familias y Niños

En cuanto a mí y mi familia serviremos al Señor. Porque creo en el Señor Jesús, será salvo, y toda mi casa. Porque soy un hijo del pacto de Dios, mi familia ha sido bendecida. Hemos sido bendecidos con toda bendición espiritual en Cristo. Las bendiciones vienen sobre nosotros y nos alcanzan.

Mi familia, su domicilio, el matrimonio y los niños son bendecidos, y todo en lo que puse mis manos para hacerlo. Tengo la bendición de venir, y tengo la bendición de salir. El Señor ha establecido mi hogar como pueblo para sí mismo. Él nos hace abundar en la prosperidad, en los hijos de nuestros cuerpos y los descendientes de nuestros animales y los productos de nuestra tierra. El Señor rodea a mi familia y hogar en su conjunto con buenos ojos como un escudo. Nada bueno nos niega. Su bandera es el amor, por encima de mi casa, el matrimonio y la familia. Ninguna arma forjada contra nosotros como una familia prospera. Lo que el Señor ha bendecido, ningún hombre puede maldecir.

Nos atenemos a la sombra del Todopoderoso y ninguno de nosotros sufre un mal.

Mis hijos se fortalecerán en la tierra, pues las generaciones de los justos son bendecidas. Ellos serán los signos y prodigios en la tierra.

Mis hijos florecerán como las plantas de olivo alrededor de mi mesa. Son un don del Señor, y el fruto del vientre es mi recompensa. Mis hijos son como flechas en la mano de un guerrero. Mis hijos en su juventud son como plantas adultas y mis hijas como columnas en un palacio.

Señor, tu pacto conmigo declara que tu Espíritu está sobre mí, y las palabras que has puesto en mi boca no se apartarán de mi boca, ni de la boca de mis hijos, ni de la boca de los hijos de mis hijos. Todos mis hijos serán instruidos por el Señor, y grande será la paz y la prosperidad. En la justicia que se establecerá, y ellos estarán lejos de la opresión. No van a caer en la tentación, sino que ellos sabrán librarse del mal. Confieso que mis hijos son puros de corazón y por lo tanto ellos verán a Dios. Tienen hambre y sed de justicia, por lo que se llenan. El Espíritu del Señor se derrama sobre mis hijos y ellos profetizan. La bendición del Señor está sobre ellos. Ellos brotarán entre la hierba, como álamos junto a corrientes de agua. Uno dirá, "Yo soy del Señor," y otro invocará el nombre de Jacob, y otro escribirá en su mano, "Pertenezco al Señor."

Confieso que mis hijos son buscadores de la sabiduría y la comprensión. Se mantienen firmes en tu Palabra y tus caminos. Ellos atesoran tus mandamientos, y claman por discernimiento. El espíritu de la sabiduría es derramado sobre mis hijos y los hijos de mis hijos, y las palabras de la sabiduría se dio a conocer a ellos.

El Señor guarda a mi familia de la caída y los presenta sin mancha delante de la presencia de la gloria del Padre con gran alegría.

REFERENCIAS ESCRITURALES: Josué 24:15; Hechos 2:17, Efesios 1:3; 16:31 Deuteronomio 28:1-12; Salmo 5:12, 84:11; 91:1,10; 112:2; 127: 3-4; 128:3; 144:12; Cantar de los Cantares 2:4; Isaías 8:18; 59:21; 44:3-5; 54:13-14,17; Mateo 5:6,8; 6:13; Proverbios 1:23; 2:2-3; Judas 24.

Cómo contactar a la autora

Extreme Prophetic/CSA
XP U.S. Ministry Center:
P.O. Box 1017
Maricopa, AZ 85239
USA

XP Canada Ministry Center:
3054 Springfield Road
Kelowna, BC V1X 1A5
CANADÁ

Teléfono gratis: 1-866-980-5464
Correo electrónico: info@xpmedia.com

OTROS LIBROS DE PATRICIA KING

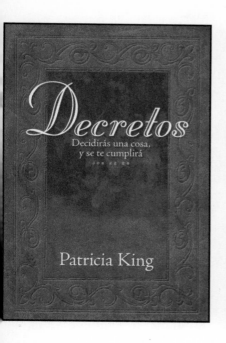

Extreme Prophetic
PO Box 1017 Maricopa
Arizona 85139 USA
Tel. 1-866-980-5464
E-mail: info@xpmedia.com